McDOUGAL LITTELL

¡En español!

CUADERNO

Más práctica

Más práctica Level 1

Copyright © 2000 by McDougal Littell Inc.

All rights reserved.

No part of this work may be reproduced or transmitted in any form or by any means, electronic or mechanical, including photocopying and recording, or by any information storage or retrieval system without prior written permission from McDougal Littell Inc. unless such copying is expressly permitted by federal copyright law. Address inquiries to Manager, Rights and Permissions, McDougal Littell Inc., P.O. Box 1667, Evanston, IL 60204.

ISBN-13: 978-0-395-95808-7   ISBN-10: 0-395-95809-4

18 19 20 21 22 VEI 08 07 06

TABLE OF CONTENTS

¿DE DÓNDE ES? @@@@@@@@@@@@@@@@@@@@@@@@@@@

ACTIVIDAD 7 Es de...

Your friend wants to know where everybody is from. Answer each question.

1. ¿De dónde es Tomás? (Costa Rica) _____

2. ¿De dónde es Carlota? (Argentina) _____

3. ¿De dónde es Felipe? (España) _____

4. ¿De dónde es Diana? (México) _____

5. ¿De dónde es Marcos? (Colombia) _____

6. ¿De dónde es Victoria? (Panamá) _____

ACTIVIDAD 8 Escuchar: Somos de Centroamérica

**Tape 1 · SIDE B
CD 1 · TRACK 20**

Listen and write where in Central America each person is from. (Look at the list on page 7 of your textbook if you need to.)

1. Ramón _____

2. Julia _____

3. Sarita _____

4. Miguel _____

5. Pedro _____

6. Ana _____

ACTIVIDAD 9 No, es de...

Your friend has misunderstood where several people are from. Explain to her where each person is really from.

1. ¿Raquel es de Guam? (Guatemala) _____

2. ¿Federico es de España? (Ecuador) _____

3. ¿Arturo es de Cuba? (República Dominicana) _____

4. ¿Samuel es de Costa Rica? (Puerto Rico) _____

5. ¿Rosa es de Chile? (Perú) _____

6. ¿Laura es de Paraguay? (Uruguay) _____

Preliminar

CUADERNO Más práctica

SOY DE...

ACTIVIDAD 10 En América

Look at the map of America on page xxvi of your textbook, and draw the countries' borders. Then label the countries.

ACTIVIDAD 11 ¿De dónde eres?

Choose your favorite Spanish names and use them to make complete sentences saying where you imagine these people are from. Use the map to find countries you believe would be fun to live in, and place the people's names by them.

1. _____
_____
2. _____
_____
3. _____
_____
4. _____
_____
5. _____
_____

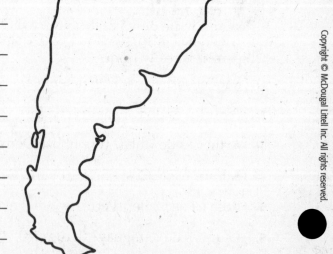

EL ABECEDARIO

ACTIVIDAD 12 Unos nombres

Practice spelling aloud these Spanish names.

1. Alfonso _____

2. Catarina _____

3. Eduardo _____

4. Hilario _____

5. Juanita _____

6. Leticia _____

ACTIVIDAD 13 Escuchar: ¿Cómo te llamas?

Tape 1 · SIDE B
CD 1 · TRACK 21

Listen and write down each name that you hear spelled.

1. _____

2. _____

3. _____

4. _____

5. _____

6. _____

ACTIVIDAD 14 Escuchar: ¿De dónde eres?

Tape 1 · SIDE B
CD 1 · TRACK 22

Listen and write down each country that you hear spelled.

1. _____

2. _____

3. _____

4. _____

5. _____

6. _____

Preliminar
Más práctica

CUADERNO
Más práctica

LOS NÚMEROS DE CERO A DIEZ Y LOS DÍAS DE LA SEMANA

ACTIVIDAD 15 Escuchar: Teléfonos importantes

Tape 1 · SIDE B
CD 1 · TRACK 23

Write out these important phone numbers as you hear them.

1. el doctor: _____

2. Ricárdo: _____

3. María: _____

4. Ana: _____

ACTIVIDAD 16 ¿Qué día es mañana?

For each day, say what tomorrow is.

1. lunes _____

5. martes _____

2. miércoles _____

6. jueves _____

3. viernes _____

7. sábado _____

4. domingo _____

ACTIVIDAD 17 El calendario de Carmen

Carmen has a busy social life. Look at her calendar and say when she is visiting each person.

modelo: Visita a José el <u>martes</u> <u>dos</u> de septiembre.

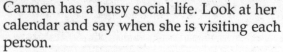

1. Visita a Miguel y Dora el _____ _____ de septiembre.

2. Visita a los Espinosa el _____ _____ de septiembre.

3. Visita a Roberto y David el _____ _____ de septiembre.

4. Visita a Julia, Juana y Jimena el _____ _____ de septiembre.

5. Visita a Gabriela el _____ _____ de septiembre.

6. Visita a Francisco el _____ _____ de septiembre.

7. Visita a los García el _____ _____ de septiembre.

FRASES ÚTILES

 **18** **En la clase**

A　　　　**B**　　　　**C**　　　　**D**　　　　**E**

Match the teacher's instructions to the pictures.

_____ **1.** Saquen un lápiz.

_____ **2.** Escriban...

_____ **3.** Miren el pizarrón.

_____ **4.** Abran los libros.

_____ **5.** Cierren los libros.

19 **Frases útiles**

Complete the useful phrases.

1. Más _____, por favor.

2. No _____.

3. ¿Cómo se _____...?

4. ¿Qué _____ decir...?

5. Repita, por _____.

20 **Instrucciones**

Use words from the box to complete the instructions you might hear in class or read in your textbook.

1. Saquen _____.

2. Miren _____.

3. Contesta _____.

4. Completa _____.

5. Escoge _____.

6. Pásenme _____.

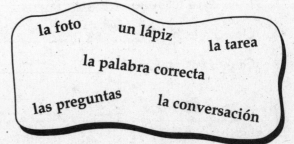

la foto　　un lápiz　　la tarea
la palabra correcta
las preguntas　　la conversación

REPASO ꙮꙮꙮꙮꙮꙮꙮꙮꙮꙮꙮꙮꙮꙮꙮꙮꙮꙮꙮꙮꙮꙮꙮꙮꙮꙮꙮꙮꙮ

ACTIVIDAD 21 Nuevos amigos

Complete the conversation.

Antonio: Buenos días. ¿Cómo _____ llamas?

Blanca: _____ llamo Blanca. Es un placer. Y tú, ¿cómo te llamas?

Antonio: Igualmente. Me llamo Antonio. ¿De _____ eres?

Blanca: _____ de México. ¿De dónde eres tú?

Antonio: Soy de Perú. Por _____, ¿cómo se llama el chico?

Blanca: El chico se _____ Ramón.

ACTIVIDAD 22 Series: letras, números y días

Complete each sequence logically.

1. cero, dos, cuatro, seis, ... _____

2. uno, tres, cinco, ... _____

3. zeta, i griega, equis, ... _____

4. be, de, efe, hache, ... _____

5. lunes, martes, miércoles, ... _____

6. jueves, viernes, sábado, ... _____

ACTIVIDAD 23 ¿Y tú?

Answer each question.

1. ¿Cómo te llamas? _____

2. ¿De dónde eres? _____

3. ¿Cuál es tu teléfono? _____

4. ¿Qué día es hoy? _____

5. ¿Qué día es mañana? _____

Preliminar

CUADERNO
Más práctica

ESCUCHAR 〰〰〰〰〰〰〰〰〰〰〰〰〰〰〰

ACTIVIDAD 1 Los vecinos

Listen to the following descriptions and write 1, 2, or 3 in each blank to show who is being described.

_____ un hombre

_____ una mujer

_____ una chica

Listen to the descriptions again. Write 1, 2, or 3 in each blank to show in what description you hear the following sentences.

_____ Vive en un apartamento.

_____ Es de México.

_____ Le gusta bailar.

ACTIVIDAD 2 Un amigo

Listen to the description of Juan Carlos and complete the sentences with the words that you hear.

1. Juan Carlos López es un _____ de mi familia.

2. _____ es de Cuba, pero ahora _____ en Miami.

3. Vive en una _____ con su familia.

4. Es _____.

5. Le gusta _____, y también le gusta _____ mucho.

¡En español! Level 1

Nombre _____ Clase _____ Fecha _____

ACTIVIDAD 3 Una vecina

Mark each sentence **C** for **cierto** (true) or **F** for **falso** (false).

C F **1.** La señora Sánchez vive en una casa.

C F **2.** La señora Sánchez no tiene familia.

C F **3.** La señora Sánchez es de Puerto Rico.

C F **4.** La señora Sánchez es de la comunidad.

C F **5.** A la señora Sánchez le gusta escribir.

ACTIVIDAD 4 Dos amigos

Listen to the passage, and circle the word that best fits each sentence.

1. Gerardo vive en (una casa/un apartamento).

2. Gerardo y Carlos son (amigos/maestros).

3. A Gerardo le gusta (nadar/correr).

4. A Gerardo no le gusta (patinar/nadar).

5. A Gerardo le gusta (leer/escribir).

VOCABULARIO @@@@@@@@@@@@@@@@@@@@@@@@@@@@@@@@

ACTIVIDAD 5 La ciudad y la familia

Underline the word that best fits each sentence.

1. Estados Unidos es un (mundo/país) donde viven muchos hispanos.

2. La (comunidad/concurso) hispana es importante en Miami.

3. Miami es un (mucho/lugar) interesante.

4. Yo (vivo/vive) en un apartamento, pero Antonia (vivo/vive) en una casa.

5. Mamá, te (bienvenido/presento) a mi amiga Antonia.

ACTIVIDAD 6 El intruso

Circle the word or phrase that does not belong in the category.

1. ¿Cómo está usted?/¿Qué tal?/¿Cómo estás?/Terrible.

2. regular/concurso/terrible/bien

3. comunidad/mundo/patinar/país

4. lugar/cantar/nadar/bailar

5. doctor/maestro/policía/amigo

ACTIVIDAD 7 ¿Cómo está?

Look at the drawing below and say how each person is feeling.

1. Mario _____

2. Lucía _____

3. Roberto _____

4. Eva _____

5. Gregorio _____

Nombre _____ Clase _____ Fecha _____

ACTIVIDAD 8 ¿Qué le gusta?

Look at the picture in **Actividad 7** and say what each person likes to do.

1. Eva: _____

2. Lucía: _____

3. Mario: _____

4. Roberto: _____

ACTIVIDAD 9 La familia

Write five sentences to describe the family in the drawing.

1. _____

_____

2. _____

_____

3. _____

_____

4. _____

_____

5. _____

_____

ACTIVIDAD 10 Querido(a) amigo(a)

Write a post card or e-mail to a new friend. Introduce yourself by telling your name, what you like to do, where you are from, and where you live.

_____

_____

_____

_____

_____

_____

GRAMÁTICA: FAMILIAR AND FORMAL GREETINGS

ACTIVIDAD 11 ¡Hola!

Manuel runs into a lot of people he knows when he walks down his street. Complete each of his greetings.

1. ¡Señor Puentes! ¿Cómo _____ usted?

2. ¡Rico! ¿_____ tal?

3. ¡Paquita! ¿Cómo _____?

4. ¡Doctora Blanco! ¿_____ está usted?

5. ¡Rafael y Pancho! ¿Qué _____?

ACTIVIDAD 12 Mucha gente

How would Manuel greet each of these people?

1. la señora Moreno _____

2. Roberto _____

3. un policía _____

4. María _____

5. el señor Gómez _____

ACTIVIDAD 13 Saludos

Write a short greeting dialog for each pair of people who run into each other.

1. Alma y Francisco _____

_____

2. el señor García y Alma _____

_____

3. la señora Ramos y el señor Alonso _____

_____

4. un maestro y una estudiante _____

_____

5. dos amigos _____

_____

Nombre _____   Clase _____   Fecha _____

GRAMÁTICA: SUBJECT PRONOUNS AND *ser*

 ¿Qué son?

Underline the word that best fits the sentence.

1. Yo (son/soy) estudiante.

2. Roberto y Juan (somos/son) vecinos.

3. Tú (eres/es) mi amigo.

4. Tito y yo (soy/somos) doctores.

5. La mujer (es/eres) maestra.

6. Carlos y tú (eres/son) estudiantes, ¿verdad?

 ¡Soy yo!

Complete each sentence with the correct subject pronoun.

1. _____ soy estudiante.

2. _____ somos de Miami.

3. ¿Mi mamá? _____ es maestra.

4. _____ son buenos vecinos.

5. _____ eres de México, ¿no?

16 Somos amigos

Identify each person according to the word in parentheses.

modelo: Francisca (estudiante) <u>Ella es estudiante.</u>

1. Jorge y Amalia (amigos) _____.

2. Alma y yo (vecinos) _____.

3. el señor Jiménez (policía) _____.

4. tú (doctora) _____.

5. yo (estudiante) _____.

6. usted (maestro) _____.

GRAMÁTICA: USING *ser de* TO EXPRESS ORIGIN @@@@@@

ACTIVIDAD 17 Somos de lugares diferentes

Underline the word that best completes the sentence.

1. Yo (eres/soy) de Panamá.

2. Ellas (somos/son) de Costa Rica.

3. Nosotros (soy/somos) de Miami.

4. El doctor (eres/es) de Puerto Rico.

ACTIVIDAD 18 ¿De dónde son?

Your friend needs help with her homework. Correct the errors in these sentences.

1. Mi amigo son de Cuba. _____

2. Yo soy Miami. _____

3. Los policías es de la República Dominicana. _____

4. Roque y yo son New Orleans. _____

ACTIVIDAD 19 ¿De dónde?

Look at the drawing and write sentences saying where these people are from.

1. Antonio y Julia _____

2. Ricardo _____

3. Eduardo _____

4. Raquel _____

¡En español! Level 1

Nombre _____ Clase _____ Fecha _____

GRAMÁTICA: *gustar* ⊙⊙⊙⊙⊙⊙⊙⊙⊙⊙⊙⊙⊙⊙⊙⊙⊙⊙⊙⊙⊙⊙⊙⊙⊙

ACTIVIDAD 20 ¿Qué te gusta hacer?

Complete each sentence with the appropriate word according to the subject in parentheses.

1. (yo) _____ gusta leer.

2. (ella) _____ gusta escribir.

3. (tú) _____ gusta comer.

4. (Ramón) _____ gusta nadar.

5. (yo) _____ gusta cantar.

ACTIVIDAD 21 Y a Carlota, ¿qué le gusta?

Look at the picture of Carlota's room and write five sentences saying what she likes to do.

1. _____

2. _____

3. _____

4. _____

5. _____

ACTIVIDAD 22 Gustos diferentes

How do you ask a friend what he or she likes or dislikes to do? _____
Find out what two of your friends, classmates, or family members like or dislike to do. Then write their name and next to it write what you found out. Use complete sentences. Include at least one activity that they like and one that they don't like.

_____

_____

_____

_____

ESCUCHAR ◎◎◎◎◎◎◎◎◎◎◎◎◎◎◎◎◎◎◎◎◎◎

**Tape 2 · SIDE B
CD 2 · TRACKS 6–9**

ACTIVIDAD 1 Alejandro

Listen to Alejandro, and complete his description by filling in the blanks with the words you hear.

Hola. Me llamo Alejandro. _____ de San Antonio, una ciudad de

Texas en los Estados Unidos. San Antonio es un _____ muy

interesante y _____. Me _____ comer en el Paseo del Río,

Tiene _____ restaurantes y tiendas. En esa área _____

están el Mercado, el Álamo, el Parque HemisFeria y _____ buen

museo. San Antonio no es _____.

ACTIVIDAD 2 ¿De qué hablan?

Listen to the following conversations and put the number of each conversation (1, 2, or 3) next to its topic.

_____ They are talking about themselves.

_____ They are talking about their friends.

_____ They are talking about San Antonio.

Unidad 1
Etapa 2

CUADERNO
Más práctica

ACTIVIDAD 3 ¿Cómo son?

Listen to each description, then underline the answer that describes that person best.

1. Carlota es _____.
   - **a.** cómica
   - **b.** fuerte
   - **c.** perezosa

2. Mario es _____.
   - **a.** pequeño
   - **b.** rubio
   - **c.** fuerte

3. A Anamaría le gusta _____.
   - **a.** comer y bailar
   - **b.** trabajar y nadar
   - **c.** escribir y cantar

4. A Pablo le gusta _____.
   - **a.** patinar y correr
   - **b.** leer y escribir
   - **c.** trabajar y comer

ACTIVIDAD 4 ¿Y tú?

Listen to each speaker, then answer the question he or she asks you at the end.

1. _____

_____

2. _____

_____

3. _____

_____

4. _____

_____

VOCABULARIO ⓐⓐⓐⓐⓐⓐⓐⓐⓐⓐⓐⓐⓐⓐⓐⓐⓐⓐⓐⓐⓐⓐⓐⓐ

ACTIVIDAD 5 Somos diferentes

Look at the drawing below and underline the word that best completes each sentence.

Bobby
Roberto
Sarah
Anita
Diego
Juan
Max
Leo

1. Diego es (gordo/delgado).

2. Anita es (delgada/alta).

3. El perro Max es (pequeño/perezoso).

4. Juan es (delgado/fuerte).

5. El gato Leo es (perezoso/delgado).

ACTIVIDAD 6 ¿Cómo son los amigos?

Look at the drawing in **Actividad 5** again and write five sentences describing the scene in more detail. Be sure to mention each person at least once.

1. _____

2. _____

3. _____

4. _____

5. _____

ACTIVIDAD 7 El intruso

Circle the item that does not belong in the category.

1. la blusa/la falda/el vestido/los pantalones

2. pelirrojo/rubio/alto/castaño

3. cómico/perezoso/divertido/simpático

4. nuevo/rojo/verde/azul

5. serio/bueno/malo/zapato

6. trabajador/paciente/alto/aburrido

ACTIVIDAD 8 La gente

Who do you know that matches these descriptions?

1. Es interesante y trabajadora. _____

2. Le gusta llevar jeans negros. _____

3. Es paciente y simpática. _____

4. No lleva calcetines. _____

ACTIVIDAD 9 ¿Qué llevar?

You are preparing the clothes that you'll wear next week. Depending on the place and the occasion, describe what clothing you will wear.

1. a la fiesta de un amigo _____
_____

2. al aniversario de mamá y papá _____
_____

3. a un restaurante elegante _____
_____

4. a la escuela _____
_____

5. al parque _____
_____

ACTIVIDAD 10 ¿Cómo son ustedes?

Describe yourself and a friend. Describe your personality, physical appearance, the clothes you like to wear, and your favorite activities.

_____
_____
_____
_____
_____
_____

GRAMÁTICA: DEFINITE ARTICLES ⓒⓒⓒⓒⓒⓒⓒⓒⓒⓒⓒⓒⓒⓒⓒⓒⓒ

ACTIVIDAD 11 En pocas palabras

Underline the word that best fits the sentence.

1. (Los/Las) amigos son simpáticos.

2. (El/La) suéter es bonito.

3. (El/La) camiseta es negra.

4. (Los/Las) chicas son trabajadoras.

5. (El/La) maestra es interesante.

ACTIVIDAD 12 Sí y no

Say that each person likes to wear the first item, but not the second one.

modelo: Marcos: (suéter) rojo / negro
Le gusta llevar el suéter rojo pero no le gusta llevar el suéter negro.

1. tú: (camisa) azul / verde

_____

_____

2. yo: (camiseta) anaranjada / amarilla

_____

_____

3. Elena: (vestido) negro / morado

_____

_____

4. Samuel: (chaqueta) bonita / fea

_____

_____

5. yo: (sombrero) negro / blanco

_____

_____

GRAMÁTICA: INDEFINITE ARTICLES ⊚⊚⊚⊚⊚⊚⊚⊚⊚⊚⊚⊚⊚

ACTIVIDAD 13 Más descripciones

Complete each short description using the appropriate indefinite article.

1. Ricardo es _____ chico guapo.

2. Isabel es _____ muchacha alta.

3. Jorge y Miguel son _____ estudiantes trabajadores.

4. Marcos y Juana son _____ amigos divertidos.

5. María y Susana son _____ chicas inteligentes.

ACTIVIDAD 14 ¿Qué tienes?

Finish the paragraph by filling in the blanks with the appropriate indefinite article.

unos   una   un   unas

Para la escuela, me gusta llevar la ropa seria. En general, llevo _____ jeans con _____ camisa blanca o azul y _____ zapatos negros. Tengo muchas otras camisas. Tengo _____ camisas que son para las fiestas y otras que no me gusta llevar mucho. Generalmente, en casa llevo _____ pantalones cortos y _____ camiseta. Normalmente, no me gusta llevar sombreros, pero tengo _____ sombrero que me gusta mucho llevar.

ACTIVIDAD 15 ¿Qué llevan hoy?

Say what each person is wearing today.

1. Verónica: camisa rosada _____

2. Jorge: jeans negros _____

3. Raquel: camiseta morada _____

4. Mario: suéter marrón _____

5. maestro(a): calcetines blancos _____

¡En español! Level 1

GRAMÁTICA: ADJECTIVES AND GENDER

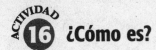

16 ¿Cómo es?

Underline the word that best fits the sentence.

1. Carlos lleva una camisa (blanco/blanca).

2. Eulalia es una estudiante (trabajador/trabajadora).

3. El maestro lleva una chaqueta (negro/negra).

4. Miranda lleva un sombrero (rojo/roja).

5. La doctora es muy (serio/seria).

6. José es (cómico/cómica).

17 Los gemelos

Write sentences showing that these twins are alike.

> **modelo:** Félix es cómico. (Felícitas) <u>Felícitas es cómica también.</u>

1. Rico es alto. (Rita) _____

2. Jorge es serio. (Josefina) _____

3. Beto es moreno. (Betina) _____

4. Rafael es fuerte. (Raquel) _____

5. Chuy es paciente. (Chela) _____

6. Carlos es trabajador. (Carolina) _____

18 Unos compañeros

Describe two of your friends—one male and one female—in as much detail as you can.

_____

_____

_____

_____

_____

Unidad 1
Etapa 2

CUADERNO
Más práctica

GRAMÁTICA: ADJECTIVES AND NUMBER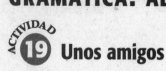

ACTIVIDAD 19 Unos amigos

Underline the word that best fits the sentence.

1. Jorge y Rodolfo son (inteligente/inteligentes).

2. Marisela lleva un sombrero (negro/negros).

3. Felipe tiene el pelo (corto/cortos).

4. Erica tiene los ojos (azul/azules).

5. Marta es (pelirroja/pelirrojas).

ACTIVIDAD 20 La ropa

Choose the word that correctly fits into the sentence.

1. La camisa es _____.

2. El vestido es _____.

3. Jorge lleva camisetas _____.

4. Me gusta llevar los jeans _____.

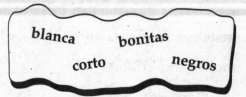

blanca   bonitas   corto   negros

ACTIVIDAD 21 Diferente

Write sentences to show that Daniela is not like her friends.

modelo: amigos [impaciente] / Daniela [paciente]
Los amigos de Daniela son impacientes, pero ella es paciente.

1. amigos [moreno(a)] / Daniela [rubio(a)] _____

_____

2. amigos [alto(a)] / Daniela [bajo(a)] _____

_____

3. amigos [aburrido(a)] / Daniela [interesante] _____

_____

4. amigos [cómico(a)] / Daniela [serio(a)] _____

_____

5. amigos [perezoso(a)] / Daniela [trabajador(a)] _____

_____

ESCUCHAR 〰〰〰〰〰〰〰〰〰〰〰〰〰〰〰〰〰

ACTIVIDAD **1** En el parque

Listen to the description and label each person in the picture.

ACTIVIDAD **2** ¿Quiénes son?

Listen to the same passage again, then mark each sentence **C** for **cierto** (true) or **F** for **falso** (false). If the sentence is false, correct it.

1. _____ Pedro está con su abuelo. _____

_____

2. _____ Esteban tiene muchos libros. _____

_____

3. _____ Patricia está con su tía. _____

_____

4. _____ A Dolores le gusta comer. _____

_____

5. _____ A Esteban le gusta leer. _____

_____

ACTIVIDAD 3 La familia de Esteban

Listen to the description of Esteban's family, then underline the word that best fits the sentence.

1. Esteban tiene siete (hermanos/primos).

2. Esteban y su familia viven en (un apartamento/una casa).

3. Esteban vive con sus padres, sus hermanos y su (abuela/tía).

4. A Esteban le gusta (leer/nadar).

5. La abuela es (cómica/aburrida).

6. La casa de Esteban es (grande/pequeña).

7. En la casa de Esteban viven (cinco/seis) mujeres.

ACTIVIDAD 4 ¿Cómo es la familia de Patricia?

Listen to the description of Patricia's family, then write a paragraph describing it.

_____

_____

_____

_____

_____

_____

_____

_____

_____

_____

_____

_____

_____

_____

_____

_____

Unidad 1 Etapa 3

CUADERNO Más práctica

VOCABULARIO ⊚⊚⊚⊚⊚⊚⊚⊚⊚⊚⊚⊚⊚⊚⊚⊚⊚⊚⊚⊚⊚⊚⊚

ACTIVIDAD 5 La familia

Mark each sentence **C** for **cierto** (true) or **F** for **falso** (false). Correct the false sentences.

1. _____ Los padres de mi padre son mis abuelos. _____

_____

2. _____ Los hermanos de mi madre son mis primos. _____

_____

3. _____ Los hijos de mis tíos son mis hermanos. _____

_____

4. _____ La hermana de mi papá es mi tía. _____

_____

5. _____ El hijo de mi abuelo es mi padre. _____

_____

ACTIVIDAD 6 Mis parientes

Complete the sentences to define who each relative is.

1. Mi primo es el hijo de mi _____.
2. Mi tía es la hermana de mi _____.
3. Mi abuelo es el padre de mi _____.
4. Mi padre es el hijo de mis _____.
5. Mi tío es el padre de mi _____.

ACTIVIDAD 7 Una familia grande

Write out the numbers in this description of a large family.

1. Tengo 17 primos. _____
2. Hay 42 personas en mi familia. _____
3. Mi padre tiene 51 años. _____
4. Mi tía tiene 35 años. _____
5. Mi prima tiene 26 años. _____
6. Mi tío tiene 47 años. _____

Unidad 1 Etapa 3 CUADERNO Más práctica

¿Cuántos tienes?

Write sentences to say how many you have of each item.

modelo: camisas: <u>Tengo doce camisas.</u>

1. camisetas: _____

2. amigos: _____

3. primas: _____

4. jeans: _____

5. abuelos: _____

6. hermanos: _____

Los meses

In what month do these things happen?

1. school starts _____

2. winter begins _____

3. autumn begins _____

4. leap year's extra day _____

5. Halloween _____

6. New Year's Day _____

7. Independence Day in the U.S. _____

8. summer begins _____

9. spring begins _____

10. Thanksgiving _____

Unidad 1 Etapa 3

CUADERNO Más práctica

GRAMÁTICA: THE VERB *tener* ⊚⊚⊚⊚⊚⊚⊚⊚⊚⊚⊚⊚⊚⊚⊚⊚⊚⊚⊚

ACTIVIDAD 10 ¿Cómo son tus amigos?

Marta's pen pal has asked her to describe herself and her friends. Help her finish the note that she will send by circling the correct form of the verb **tener.**

Yo (tienes/tengo) muchos amigos pero mi mejor amiga es Maricarmen. Maricarmen y yo (tenemos/tienen) el pelo largo, pero ella (tiene/tengo) el pelo castaño. Ella y su hermano (tienen/tienes) los ojos verdes. Yo (tiene/tengo) los ojos marrones.

ACTIVIDAD 11 ¿Tienes una familia grande?

The same pen pal wants to know about Marta's extended family. Complete her answer with the correct form of the verb **tener.**

Yo _____ una familia muy grande. Mi papá _____ tres

hermanos y mi mamá _____ dos. Mis tíos favoritos son el tío Fermín y su

esposa la tía Rita. Ellos _____ seis hijos. Mis primos son divertidos y

cómicos. Estela, mi prima favorita, y yo _____ el pelo largo, pero mis otras

primas _____ el pelo corto. Todos mis primos _____ el pelo

corto. Todos nosotros en mi familia _____ los ojos marrones. ¿Y tú?

¿_____ una familia grande?

ACTIVIDAD 12 Unas preguntas personales

Answer these questions using complete sentences.

1. ¿Cuántos años tienes?

_____

2. ¿Cuántos primos tienes?

_____

3. ¿Cuántos hermanos tienes?

_____

4. ¿Cuántos años tienen tus padres?

_____

GRAMÁTICA: EXPRESSING POSSESSION USING *de* ⟨⟩⟨⟩⟨⟩⟨⟩⟨⟩

Unidad 1
Etapa 3

CUADERNO
Más práctica

 La familia de Leticia

Mark each sentence **C** for **cierto** (true) or **F** for **falso** (false). Correct the false sentences.

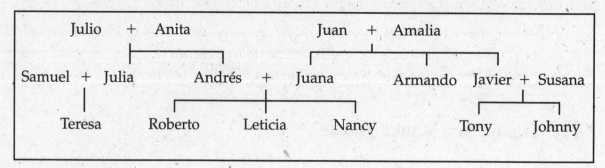

1. _____ Leticia es la hija de Andrés y Juana.

_____

2. _____ Leticia es la prima de Nancy.

_____

3. _____ Roberto es el hermano de Teresa.

_____

4. _____ Tony es el hijo de Javier y Susana.

_____

5. _____ Javier es el padre de Armando.

_____

ACTIVIDAD 14 **Las relaciones familiares**

Look at Leticia's family tree and write sentences expressing the relationships between people.

modelo: Julio/Teresa: <u>Julio es el abuelo de Teresa.</u>

1. Teresa/Julia _____

2. Juana/Javier _____

3. Julia/Nancy _____

4. Julia y Samuel/Teresa _____

5. Juan y Julio/Roberto _____

GRAMÁTICA: POSSESSIVE ADJECTIVES ꙮꙮꙮꙮꙮꙮꙮꙮꙮꙮꙮꙮ

ACTIVIDAD 15 La familia de Teresa

Look at the family tree on the previous page from Teresa's perspective. Mark each sentence **C** for **cierto** (true) or **F** for **falso** (false). Correct the false statements.

1. _____ Andrés es mi tío. _____

2. _____ Roberto es mi hermano. _____

3. _____ Leticia y Nancy son mis primas. _____

4. _____ Julio y Anita son mis abuelos. _____

5. _____ Tony es mi tío. _____

ACTIVIDAD 16 La familia de Tony y Johnny

Look at the same family tree and identify each person in relation to Tony and Johnny. Use the possessive adjective.

1. Roberto es _____.

2. Leticia y Nancy son _____.

3. Javier es _____.

4. Armando y Juana son _____.

5. Juan y Amalia son _____.

6. Susana es _____.

ACTIVIDAD 17 La familia de Leticia

Leticia is describing her family for a class project. Help her complete the description using possessive adjectives.

Mi familia no es muy grande. Roberto y Nancy son _____ hermanos.

Roberto es _____ hermano y Nancy es _____ hermana.

Nosotros no tenemos muchos primos. _____ padre tiene una

hermana, y _____ madre tiene dos hermanos. _____ tíos son

simpáticos. Me gusta hablar con_____ primos. _____ prima

Teresa es cómica, y _____ primos Tony y Johnny son divertidos.

_____ abuelos tienen tres hijos. Mi madre y mis tíos

son_____ hijos. ¿Y tú? ¿Cómo es _____ familia?

GRAMÁTICA: GIVING DATES 〰〰〰〰〰〰〰〰〰〰〰〰〰〰〰〰

18 Los cumpleaños

Use the calendar below to complete the sentences about birthdays in Leticia's family.

El calendario de Leticia

ENERO		FEBRERO		MARZO		ABRIL	

ENERO
1 2
3 4 5 6 7 8 9 *(Roberto)*
10 11 12 13 14 *15* 16
17 18 19 20 21 22 23
24/31 25 26 27 28 29 30

FEBRERO
1 2 3 4 5 6
7 8 9 10 11 12 *13* *(abuelo Julio)*
14 15 16 17 18 19 20
21 22 23 24 25 26 27
28

MARZO
1 2 3 4 5 6
7 8 9 10 11 12 13
14 15 16 17 18 19 20
21 22 23 24 25 26 27 *(abuela Amalia)*
28 29 30 31

ABRIL
1 2 *3* *(primo Johnny)*
4 5 6 7 8 9 10
11 12 13 14 15 16 17
18 19 20 21 22 23 24
25 26 27 28 29 30

MAYO
1
2 3 4 5 6 7 8
9 10 11 12 13 14 15
16 *17* 18 19 20 21 22 *(tío Samuel)*
23/30 24/31 25 26 27 28 29

JUNIO
1 2 3 4 5 *(papá)*
6 *7* 8 9 10 11 12 *(tía Susana)*
13 14 15 16 17 18 19
20 21 22 23 24 25 26
27 28 29 30

JULIO
1 2 3
4 5 6 7 8 *9* *10* *(abuela Anita)*
11 12 13 14 15 16 17
18 19 20 21 22 23 24
25 26 27 28 29 30 31

AGOSTO
1 2 3 4 5 6 7
8 9 10 11 12 13 14
15 16 17 18 19 20 21
22 23 *24* *25* 26 27 28 *(primo Tony)*
29 30 31

SEPTIEMBRE
1 *2* 3 4 *(tía Julia)*
5 6 7 *8* 9 10 11
12 *13* *14* *15* 16 17 18 *(abuelo Juan)*
19 20 21 22 23 24 25
26 27 28 29 30

OCTUBRE
1 2
3 4 5 6 7 8 9
10 11 *12* 13 14 15 16 *(yo)*
17 18 *19* 20 21 22 23 *(tío Javier)*
24/31 25 26 27 28 29 30

NOVIEMBRE
1 2 3 4 *5* 6 *(prima Teresa)*
7 8 9 10 11 12 13
14 15 16 17 18 19 20
21 22 23 24 25 26 27 *(Nancy)*
28 29 30

DICIEMBRE
1 2 3 4
5 *6* 7 8 9 10 11 *(tío Armando)*
12 13 14 15 16 17 18
19 20 21 22 *23* 24 25 *(mamá)*
26 27 28 29 30 31

1. El cumpleaños de su papá es el _____ de junio.

2. El cumpleaños de su hermano Roberto es el _____ de enero.

3. El cumpleaños de su mamá es el veintitrés de _____ .

4. El cumpleaños de su abuela Anita es el diez de _____ .

19 Más cumpleaños

Answer the following questions with complete sentences.

1. ¿Cuándo es tu cumpleaños? _____

2. ¿Cuándo es el cumpleaños de tu mejor amigo(a)? _____

3. ¿Cuándo son los cumpleaños de tres miembros de tu familia? _____

_____

¡En español! Level 1

ESCUCHAR 〰〰〰〰〰〰〰〰〰〰〰〰〰〰〰〰〰

Tape 4 · SIDE B
CD 4 · TRACKS 8–13

1 En la clase

Listen to the description of a classroom. Underline the items that the speaker mentions.

una computadora   un escritorio grande

un pizarrón   una impresora

unos libros de matemáticas   diccionarios

mucha tiza   unos borradores

2 ¿Qué tengo?

Use the words in the box to complete the paragraph you hear.

plumas   inglés   tarea   calculadora

música   mochila   diccionario   libros   cuadernos

En mi _____ tengo muchas cosas para mis clases. Tengo unos

_____ y mucho papel. También tengo lápices, muchas _____ y

tres _____ de texto. Tengo mi _____ en un cuaderno azul. Para

la clase de matemáticas, tengo una _____ pequeña. Para la clase de

_____, tengo un _____ bilingüe. Tengo cosas para las clases de

arte y _____ en mi mochila también.

3 Muchos problemas

Listen to the passage and write the name of the person who has each problem.

1. No tiene su mochila. _____

2. No hay papel en su cuaderno. _____

3. Llega tarde a clase. _____

4. Su tarea está en casa. _____

5. No tiene lápiz. _____

6. Saca una mala nota en un examen. _____

Nombre _____   Clase _____   Fecha _____

4 ¿Qué clase le gusta?

As each person talks, write the class in the box that he or she probably likes best.

> estudios sociales   música   arte   español   ciencias   inglés
> computación   matemáticas   literatura   educación física   historia

1. _____   4. _____

2. _____   5. _____

3. _____   6. _____

5 ¿Qué cosas necesita?

As each person talks, write the item in the box that he or she probably needs.

> escritorio   lápiz   tiza   mochila   computadora   papel   pluma
> calculadora   diccionario   impresora   libro de texto   borrador

1. _____   4. _____

2. _____   5. _____

3. _____   6. _____

6 ¿Quién es y de qué habla?

As you listen, identify each speaker as a student or a teacher. Then, write a sentence
stating what he or she is talking about.

   modelo: Es estudiante. Habla de sus amigos.

1. _____

2. _____

3. _____

4. _____

¡En español! Level 1

VOCABULARIO ⊚⊚⊚⊚⊚⊚⊚⊚⊚⊚⊚⊚⊚⊚⊚⊚⊚⊚⊚⊚⊚⊚⊚⊚⊚⊚⊚⊚

ACTIVIDAD 7 Unas cosas en la clase

Underline the word that best completes each sentence.

1. La maestra usa (lápiz/tiza) para escribir en el pizarrón.

2. El maestro escribe en el pizarrón, pero los estudiantes escriben en (pluma/papel).

3. Necesitamos papel para la (pantalla/impresora).

4. El maestro tiene sus papeles en el (escritorio/teclado).

5. La estudiante tiene sus libros en (la mochila/el cuaderno).

ACTIVIDAD 8 La mochila de Ricardo

List the items in and around Ricardo's backpack.

_____
_____
_____
_____
_____
_____

ACTIVIDAD 9 ¡Soy buen estudiante!

Use the words in the box to complete the sentences.

ayudo   llevo   saco   miro
contesto   llego   uso

1. En clase, _____ muchas preguntas.

2. En general, _____ jeans y una camiseta a la escuela.

3. No _____ la televisión si hay examen mañana.

4. Si estudio mucho, _____ buenas notas.

5. _____ la computadora para buscar información en Internet.

ACTIVIDAD 10 Cosas para las clases

List two or three items you might need for each class.

1. matemáticas _____

2. español _____

3. arte _____

4. ciencias _____

5. estudios sociales _____

6. literatura _____

ACTIVIDAD 11 ¿Qué clase es...?

Write the name of a class that fits each description in your opinion.

1. interesante: _____

2. aburrida: _____

3. importante: _____

4. difícil: _____

5. fácil: _____

6. mi favorita: _____

ACTIVIDAD 12 Mi clase favorita

Describe your favorite class. What is it like? What do you use in the class? What are the teacher and the other students like? What do you do in the class? Write five complete sentences in Spanish.

_____

_____

_____

_____

_____

_____

_____

_____

GRAMÁTICA: PRESENT TENSE OF -ar VERBS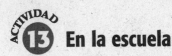

ACTIVIDAD 13 En la escuela

Mark each sentence **C** for **cierto** (true) or **F** for **falso** (false).

_____ **1.** Los profesores ayudan a los estudiantes.

_____ **2.** Los estudiantes no miran el pizarrón.

_____ **3.** Los estudiantes no necesitan lápices.

_____ **4.** Los profesores contestan las preguntas de los estudiantes.

_____ **5.** Los estudiantes enseñan a los profesores.

_____ **6.** Los estudiantes llevan sus libros a clase.

ACTIVIDAD 14 Mis compañeros

Underline the verb form that correctly completes each sentence.

1. Miguel (necesito/necesita) papel.

2. Ignacio y Estela (esperan/esperamos) al profesor.

3. Yo (llega/llego) tarde a la clase.

4. Usted (llevo/lleva) una mochila azul.

5. Sarita y yo (preparan/preparamos) la lección.

6. Tú (contesta/contestas) preguntas en la clase.

ACTIVIDAD 15 Nuestros maestros

Complete each sentence with the correct form of the verb in parentheses.

1. El profesor Ramírez (enseñar) _____ inglés.

2. La señorita Jones (preparar) _____ lecciones interesantes.

3. La profesora y yo (entrar) _____ en la clase.

4. Los profesores de ciencias (llevar) _____ chaquetas blancas en el laboratorio.

5. Yo (necesitar) _____ hablar con el maestro ahora.

Unidad 2
Etapa 1

CUADERNO
Más práctica

GRAMÁTICA: PRESENT TENSE OF -*ar* VERBS

ACTIVIDAD 16 Nosotros y las clases

Write five sentences that include at least one word from each box. Be sure to add anything else you need to your sentences. Follow the model.

yo	Isabel
nosotros	tú
la profesora	usted

contestar	buscar
llevar	llegar
entrar	usar

en la clase	tarde
el examen	una mochila
preguntas	ciencias

modelo: La profesora no lleva jeans en la clase.

1. _____

2. _____

3. _____

4. _____

5. _____

ACTIVIDAD 17 ¿Qué hacemos?

Write complete sentences based on the words given. Be sure to add anything else you need to your sentences. Follow the model.

modelo: Susana / estudiar Susana no estudia inglés este semestre.

1. Juan / preparar _____

2. yo / buscar _____

3. tú / ayudar _____

4. tú y María / necesitar _____

5. Ricardo y yo / mirar _____

ACTIVIDAD 18 ¿Qué haces tú?

Write three sentences about what you do and don't do in a usual day.

_____

_____

_____

GRAMÁTICA: ADVERBS OF FREQUENCY 〰〰〰〰〰〰〰〰

ACTIVIDAD 19 ¿Siempre?

Mark each sentence **C** for **cierto** (true) or **F** for **falso** (false). Correct the false sentences.

_____ **1.** Siempre llevo mis libros a clase. _____

_____ **2.** Nunca contesto preguntas. _____

_____ **3.** Estudio poco. _____

_____ **4.** Uso la computadora a veces. _____

_____ **5.** Rara vez llego tarde a clase. _____

ACTIVIDAD 20 ¿Con qué frecuencia?

Write how often you do the following activities.

1. Estudio con mis amigos. _____

2. Hablo español en la clase de español. _____

3. Miro la televisión. _____

4. Ayudo a mis padres. _____

5. Saco buenas notas. _____

ACTIVIDAD 21 ¿Qué haces…?

Write an activity that you do for each frequency given. Follow the model.

> **modelo:** siempre <u>Siempre hablo en clase.</u>

1. a veces: _____

2. mucho: _____

3. nunca: _____

4. poco: _____

5. siempre: _____

6. todos los días: _____

GRAMÁTICA: *hay que* AND *tener que*

ACTIVIDAD 22 En la escuela

Mark each sentence **C** for **cierto** (true) or **F** for **falso** (false). Correct the false sentences.

_____ **1.** Los profesores tienen que enseñar bien. _____

_____

_____ **2.** Hay que llegar tarde a clase. _____

_____

_____ **3.** Tengo que usar una calculadora en todas mis clases. _____

_____

_____ **4.** Un buen estudiante tiene que mirar la televisión con frecuencia.

_____

ACTIVIDAD 23 Tenemos que hacer muchas cosas

Complete each sentence with the correct form of **tener**.

1. Ignacio _____ que preparar la tarea.

2. Ustedes _____ que estudiar mucho.

3. Yo _____ que ir a la clase de matemáticas.

4. Mis compañeros y yo _____ que contestar muchas preguntas.

ACTIVIDAD 24 Tengo que estudiar

Write what you would have to do in order to do well in each class listed below.

modelo: español <u>Tengo que estudiar mucho.</u>

1. música _____

2. inglés _____

3. matemáticas _____

4. español _____

5. ciencias _____

6. educación física _____

7. arte _____

ESCUCHAR 〰〰〰〰〰〰〰〰〰〰〰〰〰〰〰

ACTIVIDAD 1 Una amiga

Listen to Maricarmen's story and complete the paragraph using words from the box.

> difíciles   amiga   fáciles   simpático
> sociales   biología   interesantes

   Hola. Me llamo Maricarmen. Soy _____ de Isabel y Ricardo. Me gusta

nuestra escuela. Las clases no son _____, pero son _____. Hay

mucha tarea y hay exámenes _____. Yo tengo cinco clases. Ahora tengo

matemáticas, estudios _____, ciencias, inglés y computación. Mi materia

favorita es el inglés. El profesor es _____ y muy interesante.

ACTIVIDAD 2 Un amigo

Listen carefully as Miguel tells you about himself. While you're listening, fill in the missing words in the paragraph.

   ¿Qué tal, amigos? Soy Miguel. Tengo _____ años y soy estudiante. No

me gusta mucho _____. En la _____ me gusta hablar con mis

compañeros y _____ con ellos. Mis amigos y yo hablamos en el patio o en

la _____.

ACTIVIDAD 3 Un profesor

Listen to Mr. Rodríguez tell you about himself and his students. Mark each sentence C for **cierto** (true) or F for **falso** (false).

_____ **1.** El Sr. Rodríguez es profesor de matemáticas y computación en la escuela.

_____ **2.** El Sr. Rodríguez enseña tres clases al día.

_____ **3.** Los estudiantes del Sr. Rodríguez son inteligentes y trabajadores.

_____ **4.** Al Sr. Rodríguez no le gusta trabajar.

ACTIVIDAD 4 ¿Quién es?

Listen carefully as Marisa tells you about her day. Write the name of the person who matches each description below.

1. Tiene clases con Julio. ¿Quién es? _____

2. No tiene su mochila. ¿Quién es? _____

3. Tiene que correr para llegar a la clase de inglés. ¿Quién es? _____

4. Va a la biblioteca. ¿Quién es? _____

5. No tiene la tarea. ¿Quién es? _____

ACTIVIDAD 5 Rita y Gregorio

Listen to Rita's story and answer the questions below.

1. Gregorio es el amigo de Rita. ¿Es inteligente Gregorio? _____

2. ¿Tienen un examen en la clase de computación? _____

_____

3. ¿Rita y Gregorio no tienen el mismo horario o no tienen la misma clase?

_____

4. ¿Cuándo tiene Rita la lección de piano? _____

ACTIVIDAD 6 Un estudiante

Listen to Tomás talk about what he likes to do, and answer the questions below.

1. ¿Qué le gusta practicar? _____

2. ¿Dónde practica los sábados? _____

_____

3. ¿Cuándo practica en el parque? _____

4. ¿Cuál es su clase favorita? _____

5. ¿Cuándo practica el fútbol? _____

_____

¡En español! Level 1

VOCABULARIO ⊚⊚⊚⊚⊚⊚⊚⊚⊚⊚⊚⊚⊚⊚⊚⊚⊚⊚⊚⊚⊚⊚⊚⊚⊚⊚⊚

ACTIVIDAD 7 Lugares de la escuela

Underline the item that best completes each sentence.

1. Todos los profesores trabajan en (su oficina/el auditorio).

2. Mi amigo y yo tomamos la merienda en (la cafetería/el gimnasio).

3. Para la educación física, Sara y yo vamos (al gimnasio/a la biblioteca).

4. La clase de teatro está en (la oficina/el auditorio).

5. Ustedes buscan libros interesantes en (la biblioteca/el auditorio).

ACTIVIDAD 8 ¿Qué pasa en la escuela?

Answer these questions. If you answer "No," correct the idea in the question.

1. ¿Toman una merienda los estudiantes en la oficina? _____
_____

2. ¿Enseñan los profesores en la clase? _____
_____

3. ¿Compran los estudiantes el almuerzo en la cafetería o en el auditorio? _____
_____

4. ¿Preparan los profesores sus lecciones en el gimnasio o en la oficina? _____
_____

5. ¿Usan los profesores y los estudiantes la computadora en el gimnasio? _____
_____

ACTIVIDAD 9 ¿Dónde?

Complete each sentence with a location.

1. Todos los estudiantes descansan en _____.

2. Luisa, Eva y yo tomamos el almuerzo en _____.

3. Los profesores de matemáticas no trabajan en _____.

4. Me gusta correr en _____.

5. Todos siempre escuchan a la profesora en _____.

ACTIVIDAD 10 ¿Qué hacemos en la escuela?

Write five sentences that include at least one word from each of the boxes. Be sure to conjugate the verbs correctly and add what you need to your sentences to make them complete.

Isabel	usted
ustedes	tú
María y yo	yo

terminar	tomar
buscar	descansar
visitar	comprar
trabajar	

biblioteca	gimnasio
oficina	clase
casa	cafetería

modelo: Isabel no compra el almuerzo en la biblioteca.

_____

_____

_____

_____

_____

ACTIVIDAD 11 Preguntas personales

Answer each question with a complete sentence in Spanish.

1. ¿Te gusta más comer fruta o hamburguesas? _____

_____

2. Generalmente, ¿dónde estudias? _____

_____

3. ¿Qué te gusta hacer durante el receso? _____

_____

4. ¿Quién es tu actor favorito? _____

_____

5. ¿Cómo es tu horario este semestre? _____

_____

GRAMÁTICA: THE VERB *ir* ⟳⟳⟳⟳⟳⟳⟳⟳⟳⟳⟳⟳⟳⟳⟳⟳⟳⟳⟳⟳

ACTIVIDAD 12 ¡Vamos!

Mark each sentence **C** for **cierto** (true) or **F** for **falso** (false).

_____ 1. Si necesito comer, voy a la cafetería y compro una merienda.

_____ 2. Para la clase de educación física, Ricardo y Julia van a la oficina del profesor.

_____ 3. Si necesitan hablar con la profesora de literatura, los estudiantes van al gimnas...

_____ ... ar libros, Simón y yo vamos a la biblioteca.

_____ ... experimento para la clase de ciencias, vas al

... mpletes each item.

... al gimnasio con mis amigos.

... tería o a un restaurante mexicano?

... axaca para visitar a nuestra abuela.

5. ... para mirar la televisión.

6. ... e, por eso él (vas/va) a la oficina.

ACTIVIDAD 14

Accor... situation, write the name of a location where each person would go.

1. Juan tiene que estudiar para un examen de historia. _____

2. ¡Qué clase más difícil! Yo necesito descansar. _____

3. María y Sofía van a buscar unos libros interesantes. _____

4. La profesora de computación tiene que enseñar ahora._____

5. Ustedes tienen que ir a la clase de educación física hoy. _____

6. Mis amigos y yo vamos a tomar la merienda._____

¡En español! Level 1

GRAMÁTICA: TELLING TIME ⊚⊚⊚⊚⊚⊚⊚⊚⊚⊚⊚⊚⊚⊚⊚⊚⊚⊚

ACTIVIDAD 15 ¿Cuándo son las clases?

Use the schedule below to complete the sentences about José Ricardo's schedule.

1. José Ricardo tiene inglés los lunes, _____ y viernes a la _____ de la tarde.

2. José Ricardo tiene arte los martes y _____ a las _____ de la tarde.

3. José Ricardo tiene historia los lunes, miércoles y _____ a las _____ de la tarde.

4. José Ricardo tiene matemáticas los _____ y jueves a la _____ de la tarde.

HORARIO

Nombre: Medrano Zúñiga, José Ricardo   **Clase:** 3–A   **Año escolar:** _____

Hora	lunes	martes	miércoles	jueves	viernes	sábado	domingo
1 :00 / :30	inglés	libre / matemáticas	inglés	libre / matemáticas	inglés		
2 :00 / :30	ciencias	estudios soc.	ciencias	estudios soc.	ciencias		
3 :00 / :30	receso / historia	receso	receso / historia	receso	receso / historia	guitarra	
4 :00 / :30		arte		arte			
5 :00 / :30	fotografía		libre		libre		
6 :00 / :30		fútbol		fútbol			

ACTIVIDAD 16 ¿Cuándo son las otras actividades?

Look at José Ricardo's schedule. When does he do each of these activities?

1. lección de música _____

2. receso _____

_____

3. fútbol _____

4. club de fotografía _____

¡En español! Level 1

GRAMÁTICA: THE VERB *estar*

ACTIVIDAD 17 ¿Dónde están?

Underline the verb form that best completes each sentence.

1. Los profesores de inglés (estamos/están) en su oficina a las siete y media.

2. Usted nunca (estamos/está) en el gimnasio a las seis y media.

3. Luis y yo (estamos/están) en la biblioteca a las ocho para buscar libros.

4. ¿(Está/Estás) tú en el laboratorio a la una y media todos los días?

5. A las nueve y media de la noche, yo (estoy/está) en casa con mis padres.

ACTIVIDAD 18 A las tres de la tarde

Complete each sentence with the correct form of **estar** to say where everybody is at 3 P.M. Don't forget to write accent marks where necessary.

1. Dolores, Juan Roberto y Luisa _____ en el patio con sus amigos.

2. Yo _____ en casa con mi hermano menor y nuestros perros.

3. Tú _____ en el laboratorio para hacer un experimento nuevo.

4. Usted _____ en la cafetería con su primo pelirrojo.

5. Mis padres y yo _____ en el apartamento de mis tíos.

ACTIVIDAD 19 Estamos en...

For each sentence, write the place where each person probably is. Follow the model. Be sure to use the correct form of the verb in your sentences.

  modelo: Estoy en la clase de educación física. Estoy en el gimnasio.

1. Busco libros para una composición que tengo que escribir. _____
   _____

2. Mi familia y yo hablamos toda la tarde. _____

3. Miras la televisión con tus abuelos. _____

4. Mario usa la computadora. _____

5. La señora Ramírez prepara una merienda para los estudiantes. _____
   _____

GRAMÁTICA: INTERROGATIVE WORDS @@@@@@@@@@@@

 **¿Cómo?**

Underline the interrogative word that best completes the following questions.

1. Federico, ¿(a qué hora/por qué) es la clase de estudios sociales?

2. ¿(Quién/Cómo) está en la cafetería con Verónica? ¿Es su primo Carlos?

3. ¿(Qué/Por qué) vas al gimnasio ahora?

4. ¿(Cómo/Cuándo) es el nuevo profesor de matemáticas?

5. ¿(Qué/Dónde) buscas en la biblioteca? ¿Unos libros para tu composición?

ACTIVIDAD 21 **¿Qué o cuál?**

Complete each question with **qué, cuál,** or **cuáles.**

1. ¿_____ son los libros más importantes que tengo que usar?

2. ¿_____ es la fecha?

3. ¿_____ libros necesitas para tu reporte? ¿Están en la biblioteca?

4. ¿_____ de mis fotos quieres usar en tu presentación?

5. ¿_____ mapa de Venezuela va a usar la profesora en la clase?

6. ¿Para _____ clase escribes el reporte?

ACTIVIDAD 22 **La pregunta es...**

What question would you ask to get the following responses? Write a question for each answer. Remember to use accent marks and question marks.

1. Q:_____ A: Ricardo está en el auditorio.

2. Q:_____ A: Vamos a casa.

3. Q:_____ A: Me gusta más la clase de historia.

4. Q:_____ A: El profesor Martínez enseña música.

5. Q:_____ A: Las estudiantes son simpáticas.

Tape 6 · SIDE B
CD 6 · TRACKS 8–13

ESCUCHAR 〰〰〰〰〰〰〰〰〰〰〰〰〰〰〰〰

ACTIVIDAD 1 Un día ocupado

Listen as Miguel tells you about his day. Decide if he goes to the places and has to do the things listed below. Write **Sí** or **No** next to each sentence.

_____ 1. Va al parque.

_____ 2. Va al museo.

_____ 3. Va al gimnasio.

_____ 4. Tiene que leer.

_____ 5. Tiene que escribir.

_____ 6. Tiene que comer.

ACTIVIDAD 2 Mis actividades favoritas

Listen to Laura tell you about her activities. Underline each activity that Laura likes to do.

leer libros   pasear

cantar con los amigos   ver la televisión

hacer ejercicio   escribir poemas

tocar el piano   tomar una merienda

ACTIVIDAD 3 Después de clases

Listen to the students tell you what they want to do. Answer the questions by writing the name of the person who wants to do to each activity.

1. ¿Quién quiere ver la televisión y comer?_____

2. ¿Quién quiere ir al museo?_____

3. ¿Quién quiere andar en bicicleta?_____

4. ¿Quién quiere ir al parque para caminar con el perro?_____

Unidad 2
Etapa 3

CUADERNO
Más práctica

ACTIVIDAD 4 Muchos lugares

Listen as Rafael tells you about where he goes during a typical week. Give each item a number 1–9 to show the order in which he mentions each place.

_____ el museo   _____ el parque   _____ la tienda

_____ el teatro   _____ la biblioteca   _____ la escuela

_____ la plaza   _____ el gimnasio   _____ la cafetería

ACTIVIDAD 5 ¿De qué hablan?

Listen to the following students tell you about different things. What is each person talking about? In Spanish, explain in a few words what each person is talking about.

1. _____

2. _____

3. _____

4. _____

5. _____

6. _____

ACTIVIDAD 6 Quiero ir, pero...

Listen as these people tell you about their day. In Spanish, write what each person has to do.

1. _____
   _____

2. _____
   _____

3. _____
   _____

4. _____
   _____

Unidad 2
Etapa 3

CUADERNO
Más práctica

VOCABULARIO

7 ¿Qué hace?

Based on what you read about each person, underline the activity that you think each person would probably prefer.

1. A Margarita le gusta mucho la música. ¿Toca la guitarra o va al museo?

2. Héctor es un muchacho muy activo. ¿Ve la televisión o anda en bicicleta?

3. A Paula le gusta pasar un rato con los amigos. ¿Lee un poema o pasea por el parque?

4. Ana tiene que cuidar a su hermano en casa. ¿Ve la televisión o va al parque?

5. Juana es muy intelectual y le gusta aprender cosas nuevas. ¿Va al museo o patina en el parque?

6. A Pablo le gusta caminar con el perro. ¿Va al parque o pinta en casa?

8 ¿Por qué?

Miguelito has a lot of questions! Match the answer to each of his questions.

_____ 1. ¿Por qué vas al supermercado?

_____ 2. ¿Por qué corres y andas en bicicleta?

_____ 3. ¿Por qué vas a la tienda de ropa?

_____ 4. ¿Por qué preparas la cena?

_____ 5. ¿Por qué bebes agua?

_____ 6. ¿Por qué pintas?

a. Tengo que comprar una camisa nueva.

b. Quiero comprar comida.

c. Tengo sed.

d. Necesito hacer ejercicio.

e. Me gusta el arte.

f. Tengo hambre.

9 ¿Dónde?

Match each place to the activities you might do there.

_____ 1. el parque

_____ 2. el supermercado

_____ 3. el museo

_____ 4. el teatro

_____ 5. la cafetería

_____ 6. el gimnasio

a. ver arte y aprender de la antropología

b. hacer ejercicio y nadar

c. comer una merienda y hablar con los amigos

d. comprar comida

e. ver plantas y animales, caminar con el perro y correr

f. ver presentaciones y escenas interesantes

Unidad 2
Etapa 3
CUADERNO
Más práctica

ACTIVIDAD 10 ¿Y tú?

Answer each question in a complete sentence in Spanish. Be sure to use the correct verb form in your answers.

1. ¿Dónde vives? ¿En una casa o en un apartamento? _____

_____

2. ¿Ves la televisión con frecuencia? ¿Qué te gusta ver? _____

_____

3. ¿Recibes muchas cartas? ¿Mandas muchas cartas también? _____

_____

4. ¿Venden comida en tu escuela? ¿Dónde? ¿Qué tipo de comida? _____

_____

5. ¿En qué clase aprendes más? ¿Por qué? _____

_____

ACTIVIDAD 11 Muchos animales

Complete the description of Mario and María and their pets.

1. Mario y María tienen tres _____, cuatro _____, dos

_____, seis_____ y una iguana.

2. Los perros tienen _____. Necesitan _____.

3. Los gatos tienen _____. Necesitan _____.

4. Y tú, ¿tienes animales en tu casa? ¿Cuáles? ¿Cómo son? _____

_____

GRAMÁTICA: *Ir a* + INFINITIVE ⊚⊚⊚⊚⊚⊚⊚⊚⊚⊚⊚⊚⊚⊚⊚⊚⊚

ACTIVIDAD 12 ¿Qué vas a hacer después de clase?

Change the verb to say what everyone is going to do. Follow the model.

modelo: Pablo toma un refresco: Pablo <u>va a tomar</u> un refresco.

1. Yo espero en la cafetería: Yo _____ en la cafetería.

2. Tú compras una chaqueta nueva: Tú _____ una chaqueta nueva.

3. Ana y yo estudiamos en la biblioteca: Ana y yo _____ en la biblioteca.

4. Beto y Elena tocan la guitarra: Beto y Elena _____ la guitarra.

5. Usted habla con sus abuelos: Usted _____ con sus abuelos.

ACTIVIDAD 13 ¡Muchas responsabilidades!

Use the items given to create sentences that tell what everybody is going to do after school. Follow the model.

modelo: Isabel / cuidar / los niños <u>Isabel va a cuidar a los niños.</u>

1. Ricardo / caminar / perro / parque _____

   _____

2. usted / tocar / piano _____

   _____

3. Eusebio y Julia / hacer ejercicio / gimnasio _____

   _____

4. yo / mandar / carta _____

   _____

5. nosotros / ver / muchos animales / parque _____

   _____

Unidad 2, Etapa 3

GRÁMATICA: PRESENT TENSE OF -er AND -ir VERBS @@@

ACTIVIDAD 14 En el parque

Underline the verb form that best completes each sentence.

1. Nosotros (vendemos/venden) ropa elegante en la tienda.

2. Yo (ve/veo) a mis amigos en el parque los domingos.

3. Tú siempre (bebe/bebes) mucha agua.

4. Mi amigo Raúl (comes/come) una hamburguesa y unas papas fritas.

5. Muchos animales diferentes (viven/vivimos) en el parque.

ACTIVIDAD 15 En casa

Read the following sentences about Raquel's family. Complete each sentence with the correct form of the verb given in parentheses.

1. Yo (leer) _____ una revista nueva.

2. Mis hermanos (compartir)_____ una torta para la merienda.

3. Mi padre (recibir)_____ muchos periódicos.

4. Mi amigo y yo no (ver) _____ la televisión.

5. Mi hermana (aprender) _____ a tocar el piano.

ACTIVIDAD 16 Roberto y yo

Use the verbs in the box to complete the sentences.

> lee   recibe   comprendo   come   bebe   escribo   leo

1. En la cafetería, Roberto _____ un sándwich y _____ un refresco.

2. Ernesto nunca _____ las lecciones para la clase de historia. Siempre _____ malas notas.

3. Para mí, la clase de inglés es difícil. Yo _____ las lecciones y _____ los ejercicios, pero no _____ cuando el profesor habla rápido.

¡En español! Level 1

GRAMÁTICA: IRREGULAR *yo* FORMS

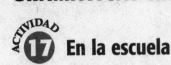

17 En la escuela

Underline the verb form that best completes each sentence.

1. ¿(Conoce/Conozco) usted al profesor Sánchez?

2. ¿(Haces/Hacen) tú la tarea de español? Para mí la tarea es difícil.

3. La biblioteca (recibe/recibes) muchas revistas interesantes.

4. Yo (conoce/conozco) a la señora García. Es mi profesora de arte.

5. Elena y María (abrimos/abren) la tienda de ropa y (vendes/venden) ropa bonita allí.

6. Yo (hace/hago) ejercicio en el gimnasio los sábados por la mañana.

18 Hacemos mucha tarea

In the first blank, write the correct form of **hacer.** In the second blank, conjugate the verb in parentheses.

1. Ricardo _____ la tarea de español. Él (leer) _____ una novela de Carlos Fuentes.

2. Yo _____ la tarea de matemáticas. Yo (escribir) _____ la tarea en mi cuaderno.

3. Tú _____ la tarea de estudios sociales. ¿(Recibir) _____ tú buenas notas en la clase?

4. Usted _____ la tarea de ciencias. Usted (ver) _____ un video sobre elefantes y tigres.

5. Julia y Ángela _____ ejercicio. Ellas (correr) _____ en el parque.

6. Rafael, Martina y yo _____ la tarea de literatura. Nosotros (aprender) _____ de los poemas de Federico García Lorca.

Unidad 2
Etapa 3

CUADERNO
Más práctica

GRAMÁTICA: USING THE VERB *oír* 𝕮𝕮𝕮𝕮𝕮𝕮𝕮𝕮𝕮𝕮𝕮𝕮𝕮

ACTIVIDAD 19 ¿Qué oyes?

Underline the form of **oír** that best completes each sentence.

1. Paula y yo (oyen/oímos) música clásica en el auditorio.

2. Pepe y Bárbara (oyen/oímos) al profesor en la clase.

3. Yo (oye/oigo) el perro en la calle.

4. Tú (oye/oyes) el teléfono en la oficina.

5. José (oye/oyes) el gato en la casa.

ACTIVIDAD 20 ¡Oye!

Hortensia has a lot of questions! Complete each question with the correct form of **oír**.

1. ¿_____ tú el pájaro?

2. ¿_____ ustedes los perros y los gatos?

3. ¿_____ mi papá siempre su programa favorito en la radio?

4. ¿_____ Rico y yo a nuestros padres?

5. ¿Por qué no _____ yo todo en la clase a veces?

ACTIVIDAD 21 Una tarde en el parque

It's a fantastic Saturday afternoon in the park! Describe the park scene in as much detail as you can. Use the verbs **oír**, **hacer**, and **conocer**.

_____

_____

_____

_____

_____

_____

_____

Unidad 2
Etapa 3

CUADERNO
Más práctica

ESCUCHAR ⟨◎◎◎◎◎◎◎◎◎◎◎◎◎◎◎◎◎◎◎◎◎◎⟩

 ACTIVIDAD 1 Emociones y actividades

For whom is each of the following sentences true, Miguel or Marta?

1. Si está triste, quiere estar solo(a). _____

2. Si está contento(a), le gusta pasar un rato con los amigos en el parque. _____

3. Si está triste, va con los amigos a un lugar interesante. _____

4. Si está enojado(a), necesita hablar con los amigos y la familia. _____

5. Si está enojado(a), corre o practica el tenis. _____

 ACTIVIDAD 2 El tiempo libre

Listen to the speaker and underline each thing that she says she likes to do.

hablar y comer con los amigos   ir al cine

leer novelas   ver la televisión

alquilar un video   practicar deportes

 ACTIVIDAD 3 Pasar el rato

Use the words in the box to complete the paragraphs you hear.

> física   practico   emocionado   cómicos
> cine   estudiantes   nunca

A mí me gusta ir al _____ y también ver la televisión. Está bien mirar televisión con la familia y con los amigos si los programas son _____, pero no me gusta ver programas tristes. Me gusta ver y practicar deportes, sobre todo el béisbol. _____ el béisbol casi todos los días, y voy al estadio para ver deportes profesionales. En el estadio siempre estoy muy _____.

Me gusta ir a la escuela también. Los otros _____ son simpáticos y los profesores son interesantes. La única clase que no me gusta es educación _____, porque _____ practicamos el béisbol.

ACTIVIDAD 4 Un día típico

Listen to the speaker and say when she is or feels each of the following.

1. ocupada _____

2. cansada _____

3. más alegre _____

4. deprimida _____

5. nerviosa _____

6. tranquila _____

ACTIVIDAD 5 ¿De dónde vienen?

The members of the student council have just arrived for the council meeting. Listen as they say where they have been and what they have been doing. Then fill out the chart with the correct information.

	Billy	Ramona	Miguel	Leonor
¿De dónde viene?				
¿Qué es lo que acaba de hacer?				

ACTIVIDAD 6 Por teléfono

Listen as two people discuss what they like to do. Then imagine that you want to call one of them to invite him somewhere. Base your invitation on what the person says he likes to do. Write your conversation on the lines provided.

_____

_____

_____

_____

_____

_____

VOCABULARIO ◎◎◎◎◎◎◎◎◎◎◎◎◎◎◎◎◎◎◎◎◎◎◎◎◎◎

ACTIVIDAD 7 **¡Qué emoción!**

The students have just received their grades. Match each person to his or her emotion. Each answer will be used only once.

_____ **1.** Está triste.

_____ **2.** Está preocupado(a).

_____ **3.** Está tranquilo(a).

_____ **4.** Está emocionado(a).

_____ **5.** Está enojado(a).

_____ **6.** Está contento(a).

ACTIVIDAD 8 **¿Qué vamos a hacer?**

Select the phrase from the word box that best fits each sentence. Each phrase will be used only once.

> a alquilar un video   al cine   a practicar deportes   al concierto   de compras

1. Quiero ver una película con Cary Grant. Vamos a la tienda de videos_____
_____.

2. Mi hermana y yo queremos tener más energía. Vamos todos los días al gimnasio
_____.

3. ¿Te gustaría ver una película nueva? ¿Quieres acompañarme _____?

4. Necesito ropa nueva para llevar a la escuela. Vamos _____

5. ¿Te gusta la música de Lucero? Vamos_____ el sábado. Te invito.

Nombre _____ Clase _____ Fecha _____

ACTIVIDAD 9 El mundo del teléfono

Label the items in the drawing on the lines provided.

ACTIVIDAD 10 La máquina contestadora

María Antonieta's answering machine is acting up. Help her get her messages by filling in the blanks in the messages she received.

—Buenos días, María Antonieta, llama Angélica. Gracias por invitarme a ver a los

niños el jueves, pero _____

_____

—Hola, María Antonieta, llama Berta. ¿Quieres _____ al

_____ ?

—Buenas tardes, señora. Soy Rafa. Quiero _____ mensaje para su hijo.

Dígale que _____ , por favor. Gracias.

GRAMÁTICA: *estar* AND ADJECTIVES @@@@@@@@@@@@@@@

ACTIVIDAD 11 ¡Qué lástima!

Underline the word that best completes the sentence.

1. Estoy (nervioso/contento) si hay un examen difícil.

2. Después de trabajar todo el día, estoy (emocionado/cansado).

3. Si mi hermanita lleva mi suéter favorito, estoy (enferma/enojada).

4. Si no veo a mis amigos por mucho tiempo, estoy (triste/alegre).

5. Hoy no voy a clase porque estoy (tranquilo/enfermo).

ACTIVIDAD 12 ¡Qué emoción!

Say how the people might feel in the following situations.

modelo: La familia de Carolina va a vivir en una ciudad donde ella no tiene amigos. <u>Está triste y nerviosa.</u>

1. Marco no viene al concierto, tiene que estudiar. _____

2. Susana saca buenas notas en los exámenes. _____

3. No tenemos tarea hoy. _____

4. Mi amigo no viene al cine. _____

5. Vamos a casa a ver la televisión y oír música. _____

ACTIVIDAD 13 Estoy contento cuando...

Choose three emotions from the word box and describe a situation in which you might feel each emotion.

modelo: Estoy tranquila después de un examen.

enojado(a)   contento(a)   ocupado(a)   tranquilo(a)   preocupado(a)   emocionado(a)

_____

_____

_____

Nombre _____ Clase _____ Fecha _____

GRAMÁTICA: *acabar de* ⊚⊚⊚⊚⊚⊚⊚⊚⊚⊚⊚⊚⊚⊚⊚⊚⊚⊚⊚⊚⊚⊚⊚⊚

ACTIVIDAD 14 ¿Qué hacen?

In each sentence below, underline the word that best describes the picture.

1. Luisa (canta/acaba de cantar).

2. Marta (quiere beber/acaba de beber).

3. Benita (quiere comer/acaba de comer).

4. Sara (quiere comer/acaba de comer).

5. Anita y Aurelio (bailan/acaban de bailar).

6. Richard (bebe/acaba de beber).

ACTIVIDAD 15 Acabamos de…

Use **acabar de** to say what each person has just done.

> **modelo:** María / hacer <u>María acaba de hacer la tarea.</u>

1. Jorge / hablar _____

2. nosotros / ir _____

3. ustedes / ver _____

4. yo / comprar _____

5. tú / pasar por _____

¡En español! Level 1

GRAMÁTICA: THE VERB *venir* ⟨⟨⟨⟨⟨⟨⟨⟨⟨⟨⟨⟨⟨⟨⟨⟨⟨⟨⟨⟨⟨

 **Vengo de...**

Underline the word that best fits the sentence.

1. La profesora (vengo/viene) de su oficina.

2. —Hola, Manuelito. ¿De dónde (vengo/vienes)?

—(Vienes/Vengo) del supermercado.

3. ¿Los niños (vienen/vienes) de clase?

4. Ya no tenemos hambre, pues (vienen/venimos) de comer en casa de unos amigos.

 **¿Y tú?**

For each of the times listed, say where you are coming from, what you have just done, and how you feel.

modelo: los lunes por la mañana <u>Vengo de casa. Acabo de llegar a la escuela. Estoy cansada.</u>

1. los miércoles a las cuatro de la tarde _____

_____

_____

2. los sábados a las once de la noche _____

_____

_____

3. los lunes a las ocho de la noche _____

_____

_____

4. los domingos por la tarde _____

_____

_____

5. los martes a las ocho de la mañana _____

_____

_____

Nombre _____   Clase _____   Fecha _____

GRAMÁTICA: *gustar* + INFINITIVE ಠಠಠಠಠಠಠಠಠಠಠಠಠ

 18 Nos gusta hacer muchas cosas

Underline the pronoun that best fits the sentence.

1. A nosotros (les/nos) gusta practicar deportes.

2. A mi padre (le/les) gusta estar en la casa.

3. ¿A ustedes (les/nos) gusta pasear por el Viejo San Juan?

4. A ti (te/me) gusta mucho ir al cine, ¿no?

5. A mí (te/me) gusta más ir de compras.

 19 ¿Qué más les gusta?

Choose a word or phrase from each word box. Use the two phrases together in a sentence with the verb **gustar** to tell what the people like to do.

modelo: mis primos/videos <u>A mis primos les gusta ver videos.</u>

nosotros mi amigo(a) Carlos y Mateo mí ustedes ti

el parque los libros el perro la merienda la clase el cine

1. _____

2. _____

3. _____

4. _____

5. _____

¡En español! Level 1

ESCUCHAR 〰〰〰〰〰〰〰〰〰〰〰〰〰〰〰〰

ACTIVIDAD 1 El béisbol

Listen to Coach Palacios talk to the baseball team. Underline the items in the word box that the coach mentions as being important for playing baseball.

> una raqueta   un bate   varias pelotas
> un uniforme con gorra   practicar mucho   no hacer ejercicio

ACTIVIDAD 2 El tenis

Listen to Chela talk about her favorite sport, then complete the paragraph with the words that you hear.

Me llamo Chela, y mi _____ favorito es el tenis. Para jugar al tenis

es una tradición _____ ropa blanca. Llevamos unos shorts blancos o

una falda blanca, una camiseta blanca y calcetines y zapatos blancos. Hay que tener

una _____ buena y zapatos de tenis buenos. También es importante

tener suficientes _____, porque vas a perder muchas. Si quieres jugar

bien _____, tienes que practicar mucho.

ACTIVIDAD 3 Un deporte peligroso

Listen to the conversation between Olga and Elena. After you have listened to the conversation, write brief responses to the following questions.

1. ¿Quién quiere empezar a practicar un deporte nuevo? _____

2. ¿Cuáles son los deportes que Olga ya practica? _____

3. ¿Cuáles son los deportes que Elena considera peligrosos? _____

4. ¿Elena va a ayudar a Olga, sí o no? _____

5. ¿Qué van a hacer las chicas ahora? _____

_____

ACTIVIDAD 4 Una tienda de deportes

Look at the drawing of the Universo sporting goods store. As you listen to the store's advertisement, make a check mark beside each item or category of item the announcer specifically mentions as being sold in the store.

____ patines

____ raquetas

____ esquís

____ bates

____ camisetas

____ cascos

____ zapatos
de tenis

____ bolas
de fútbol

____ gorras

ACTIVIDAD 5 Un debate

Lucy and her brother Rey disagree about which sports are most interesting. Listen to their conversation, and then answer the following questions.

1. ¿A Lucy le gusta ver fútbol en la televisión? ¿Por qué sí o por qué no? _____

_____

_____

2. ¿Qué deportes opina Rey que son aburridos? _____

_____

_____

3. ¿Qué deportes piensa Lucy que son más interesantes que el fútbol? _____

_____

_____

4. ¿Qué deportes opina Rey que son más peligrosos que el fútbol? _____

_____

VOCABULARIO ⟨⟨⟨⟨⟨⟨⟨⟨⟨⟨⟨⟨⟨⟨⟨⟨⟨⟨⟨⟨⟨⟨⟨

6 ¿Qué se usa para jugar?

Underline the word that best fits the sentence.

1. Para jugar al béisbol, necesitas (una raqueta/un bate).

2. Para jugar al fútbol americano, hay que usar (un casco/una gorra).

3. Practican el baloncesto, el voleibol y el tenis en (una cancha/un campo).

4. Es peligroso andar en patineta si no usas (un casco/una bola).

5. (La raqueta/El guante) es una cosa esencial para el béisbol.

6. Juegan al hockey (sobre hielo/en una piscina).

7 Cosas necesarias

What sports do you need these items for?

1. un casco _____

2. una raqueta _____

3. una pelota _____

4. un guante _____

5. una bola _____

6. un bate _____

8 ¿Dónde está el partido?

Fill in the blanks in the sports competition schedule.

Hora	Deporte	Lugar
10:00 A.M.	_____	la piscina
11:00 A.M.	_____	campo de fútbol
12:30 P.M.	baloncesto	_____
2:00 P.M.	_____	al aire libre
2:30 P.M.	tenis	_____
3:00 P.M.	_____	el gimnasio

9 **¿Qué piensas?**

Pick the word from the word box that best completes the sentence. Each word will be used only once.

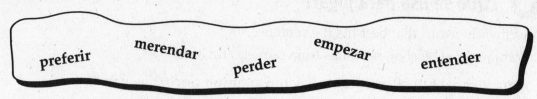

preferir   merendar   perder   empezar   entender

1. No quiero ir a ver el partido de fútbol americano. Es un deporte muy complicado y sé que no lo voy a _____.

2. El partido va a _____ a las dos y media.

3. Son las tres y media y tengo hambre. Quiero _____.

4. ¿Quieres una hamburguesa o vas a _____ otra cosa?

5. ¡Qué lástima! Nuestro equipo va a _____ el partido.

10 **Mis deportes favoritos**

Write about two sports that you like, or about one you like and one you don't like. Tell what you think of them in general, where they are played, what equipment you need to play them, and so on.

_____
_____
_____
_____
_____
_____
_____
_____
_____
_____
_____
_____
_____
_____

GRAMÁTICA: THE VERB *jugar* ⟨⟨⟨⟨⟨⟨⟨⟨⟨⟨⟨⟨⟨⟨⟨⟨⟨⟨

ACTIVIDAD 11 ¿Quién juega?

Underline the word that best fits the sentence.

1. Yo (juegan/juego) al fútbol con mis amigos.

2. Él no (juegan/juega) muy bien al béisbol.

3. ¿Tú (juego/juegas) al tenis?

4. Tina y Raúl (juegan/juegas) con sus hermanos.

5. Miguel y yo (juegan/jugamos) con el perro.

ACTIVIDAD 12 Una encuesta

Fill in the blanks in the questionnaire with the correct forms of the verb **jugar**.

ENCUESTA SOBRE DEPORTES
1. ¿A qué deporte te gusta más _____?
2. ¿A qué deporte _____ más tus hermanos(as) o amigos(as)?
3. ¿A qué deporte (tú) _____ más con ellos(as)?
4. ¿Dónde _____ ustedes?
5. ¿Quién es el o la deportista que más admiras? ¿A qué deporte _____?

ACTIVIDAD 13 ¿A qué juegas?

Use complete sentences to answer the questions from the questionnaire in **Actividad 12** above.

1. _____

2. _____

3. _____

4. _____

5. _____

GRAMÁTICA: STEM-CHANGING VERBS e → ie

ACTIVIDAD 14 Nos gusta jugar

Underline the word that best fits the sentence.

1. Carlos juega al tenis, pero yo (prefiere/prefiero/preferimos) el voleibol.

2. María y yo (pienso/piensa/pensamos) jugar al baloncesto hoy.

3. ¿Rafael y tú (queremos/quieren/quieres) acompañarme al gimnasio?

4. Las prácticas de béisbol (empezamos/empiezas/empiezan) el jueves.

5. Si tú no (cierro/cierras/cerramos) tu mochila, vas a perder el guante y la gorra.

ACTIVIDAD 15 ¿Y los amigos? ¿Qué tal?

Complete each sentence with a form of the verb in parentheses.

1. Mario habla todo el día. Nunca (cerrar) _____ la boca.

2. Sarita y Susi (entender) _____ perfectamente el fútbol americano.

3. Julia (pensar) _____ que el fútbol es más divertido que el béisbol.

4. Mariano nunca (perder) _____ cuando juega al tenis.

5. Todos nosotros (querer) _____ jugar este sábado en el parque.

ACTIVIDAD 16 Una tarde en el estadio

Draw a picture that illustrates the following paragraph.

Juan Antonio y Nora van a ver el partido de béisbol en el estadio. El partido empieza a las dos y media. Ellos meriendan en el estadio. Su equipo gana el partido y están muy emocionados. Después del partido quieren comprar algo en la tienda de recuerdos, pero ellos llegan a la tienda a las cinco y la tienda cierra a las cuatro y media.

¡En español! Level 1

Unidad 3 Etapa 2

CUADERNO Más práctica

GRAMÁTICA: THE VERB *saber*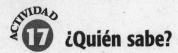

17 ¿Quién sabe?

Underline the form of **saber** that best fits the sentence.

Julio:	¿Ustedes (sabes/saben) dónde vamos a jugar?
Olga:	Yo no (sé/sabes). ¿Tú (sabes/saben), Maricela?
Maricela:	No. Yo no lo (sé/sabes). Vamos a preguntarle a Marco Aurelio. Él (sabe/sé).
Olga:	Oye, Marco Aurelio, (sé/sabes) dónde vamos a jugar?
Marco Aurelio:	Sí, lo (sé/sabes). Vamos a jugar en el campo de la escuela femenina.
Gunther:	Hola, panas. ¿Qué tal? ¿Ustedes (sabemos/saben) dónde vamos a jugar?
Olga:	Sí, ahora nosotros (sabemos/saben). Marco Aurelio acaba de decirnos.

18 ¿Qué sabe?

Complete the sentences with the correct form of the verb **saber**.

1. Mi amigo _____.

2. Yo _____.

3. ¿Ustedes _____?

4. Nosotros _____.

5. ¿Tú _____?

19 Todos sabemos algo

Write a paragraph in which you say what some people in your life know or know how to do. Use five forms of the verb **saber**.

_____

_____

_____

_____

_____

Unidad 3
Etapa 2

CUADERNO
Más práctica

GRAMÁTICA: MAKING COMPARISONS

20 A comparar

Underline the word that best fits the sentence.

1. En el estadio hay más (como/que/de) cincuenta partidos al año.

2. En Puerto Rico, nos gusta practicar el béisbol más (como/que/de) el fútbol.

3. En mi equipo hay (menos/como/que) personas que en tu equipo.

4. A Esteban le gusta nadar tanto (como/que/de) correr.

5. Practico (tanto/tantos/tanta) como Gloria, pero ella juega (mayor/menor/mejor) que yo.

21 Es lógico

Write comparative sentences based on the information given.

> **modelo:** Raquel tiene dos bates. Jorge tiene dos bates.
> Raquel tiene tantos bates como Jorge.

1. Nuestro equipo gana dos partidos. El otro equipo gana tres partidos.

   _____

   _____

2. Tengo 18 años. Silvia tiene 17 años.

   _____

3. Mi bate es nuevo. El bate de Roberto no es nuevo.

   _____

4. Francisco es muy rápido. Tito también es muy rápido.

   _____

5. Mi equipo juega tres partidos esta semana. Tu equipo juega cinco partidos esta
   semana. _____

   _____

6. El fútbol es muy popular en Latinoamérica. El hockey no es muy popular.

   _____

   _____

Unidad 3
Etapa 2

CUADERNO
Más práctica

ESCUCHAR ⊙⊙⊙⊙⊙⊙⊙⊙⊙⊙⊙⊙⊙⊙⊙⊙⊙⊙⊙⊙⊙⊙

Tape 9 · SIDE B
CD 9 · TRACKS 8–11

ACTIVIDAD 1 Querido diario

Complete the following paragraph. Write the words you hear.

Mis papás quieren pasar una semana en la casa de la montaña. Es noviembre y

voy a necesitar un abrigo. En la montaña, _____ mucho _____. En

_____ me gusta patinar sobre hielo en el lago, pero ahora es

_____. No hay hielo y si hay no es suficiente para patinar.

_____ de tener un accidente. Pero creo que ya hay _____ y

mis hermanos _____ esquiar. También creo que va a _____.

Mi mamá está preparando las cosas ahora y _____ porque nos

vamos mañana. Bueno, es tarde y _____.

ACTIVIDAD 2 ¿Qué ropa necesitan?

Listen to these people. They are all talking about doing something. Circle the article of
clothing that would be appropriate for each activity mentioned.

1. **a.** el abrigo   **b.** los shorts

2. **a.** la bufanda   **b.** el traje de baño

3. **a.** el traje de baño   **b.** el paraguas

4. **a.** las gafas de sol   **b.** el impermeable

5. **a.** la chaqueta   **b.** los shorts

Unidad 3
Etapa 3

CUADERNO
Más práctica

ACTIVIDAD 3 ¿Qué hay en la maleta?

Look at what is in the suitcase. Then answer the questions you hear by circling **sí** or **no**.

1. sí   no

2. sí   no

3. sí   no

4. sí   no

5. sí   no

6. sí   no

ACTIVIDAD 4 ¿Qué prefieres?

Listen to the questions, then write your answers below.

1. _____

2. _____

3. _____

4. _____

5. _____

VOCABULARIO ⊙⊙⊙⊙⊙⊙⊙⊙⊙⊙⊙⊙⊙⊙⊙⊙⊙⊙⊙⊙⊙⊙⊙⊙⊙⊙

ACTIVIDAD 5 ¡Las vacaciones!

Look at the picture. Using the vocabulary from this **etapa,** make a list of five Spanish words to describe what's in the drawing.

_____
_____
_____
_____
_____

ACTIVIDAD 6 ¿En qué estación estamos?

Read the following descriptions and write the season.

_____ 1. Juan lleva su traje de baño. Él quiere ir a la playa.

_____ 2. Marta lleva un suéter y tiene ganas de jugar al fútbol americano.

_____ 3. Irma lleva su abrigo de cuadros y va a esquiar.

_____ 4. Julio lleva su impermeable y su paraguas. Él está contento porque hay muchas flores en esta estación.

ACTIVIDAD 7 El tiempo

Fill in the blank with the correct weather expression.

1. Cuando nieva, también _____. ¡Brr!

2. _____ mucho en el bosque tropical. No es como el desierto.

3. Creo que va a llover porque _____.

4. Necesitas tus gafas de sol hoy porque _____.

5. ¡Cuidado! Vas a perder la gorra porque _____.

ACTIVIDAD 8 ¿Qué tiempo hace? ¿Qué prefieres hacer?

Answer the following questions for each of the pictures:

1. How's the weather? **2.** What do you think the temperature is? **3.** What would you wear?

modelo:

(1) Hace buen tiempo. Hay sol.

(2) La temperatura está a 75 grados Fahrenheit.

(3) Quiero llevar gafas de sol, shorts y una camiseta.

_____

_____

_____

_____

_____

_____

_____

_____

_____

_____

_____

_____

GRAMÁTICA: DESCRIBING THE WEATHER ⓒⓒⓒⓒⓒⓒⓒⓒⓒⓒ

ACTIVIDAD 9 ¿Qué tiempo hace?

Underline the correct completion of each sentence.

1. En el bosque tropical, (hace/llueve) mucho.

2. Voy a llevar un traje de baño porque (hace/está) mucho calor.

3. (Viento/Nieva) en Minnesota en el invierno.

4. (Está/Hay) mucho viento en la primavera.

5. Cuando (hay/está) nublado, vemos una película.

ACTIVIDAD 10 ¡Qué tiempo!

Complete the telephone conversation.

A: ¿Te gusta vivir en Seattle?

B: Sí, pero _____ mucho. Necesito un impermeable.

A: Pero en Seattle no _____ mucho _____ en el invierno, ¿no? ¿Cuál es la temperatura?

B: Bueno, hoy está a 75 grados.

A: Aquí en San Antonio _____ buen tiempo: está a 75 grados también, y _____ sol.

ACTIVIDAD 11 El tiempo en...

Write the names of the four seasons. Then list a feature of the weather in your town during that season.

_____

_____

_____

_____

_____

_____

Unidad 3
Etapa 3

CUADERNO
Más práctica

GRAMÁTICA: SPECIAL EXPRESSIONS USING *tener* ꧁꧁꧁꧁

ACTIVIDAD 12 ¿Qué tiene?

Complete the following sentences, supplying the correct form of **tener** and choosing the appropriate word.

1. La hermana de Jaime acaba de correr y está cansada. _____ (sueño/suerte).

2. Yo _____ (razón/prisa) porque la práctica empieza en cinco minutos.

3. Marta y Ricardo _____ (suerte/cuidado). Van a San Juan. ¡Qué divertido!

4. Tú _____ (sueño/razón). Hoy no hay práctica.

5. El bosque es peligroso. Cuando va al bosque, mi papá _____ (calor/cuidado).

ACTIVIDAD 13 ¿Qué quieren hacer?

Write sentences to describe what these people feel like doing.

modelo: él: trabajar

Tú: <u>Él tiene ganas de trabajar.</u>

1. nosotras: correr _____

2. tú: escribir una carta _____

3. ustedes: ver la televisión _____

4. ellas: cantar _____

5. yo: jugar al fútbol _____

ACTIVIDAD 14 ¿Qué pasa?

Write how you feel in the following situations.

1. No comes por muchas horas. _____.

2. Son las tres de la mañana. _____.

3. Hay examen de matemáticas hoy. _____.

4. Empieza la práctica ahora, pero estás en casa. _____.

Unidad 3
Etapa 3

CUADERNO
Más práctica

GRAMÁTICA: DIRECT OBJECT PRONOUNS

ACTIVIDAD 15 **El objeto directo**

Choose the answer with the correct pronoun substitution.

modelo: Elena lleva un impermeable cuando llueve.

    a. Elena la lleva cuando llueve.

    b. Elena los lleva cuando llueve.

    c. Elena lo lleva cuando llueve. ⟵

1. Tengo la raqueta de tenis.

    a. La tengo.

    b. Las tengo.

    c. Lo tengo.

2. Tú y Guillermo quieren la camiseta.

    a. Ustedes las quieren.

    b. Ustedes me quieren.

    c. Ustedes la quieren.

3. Ana trae la merienda.

    a. Ana lo trae.

    b. Ana la trae.

    c. Ana las trae.

4. Carlos prepara estos tacos muy bien.

    a. Carlos los prepara muy bien.

    b. Carlos la prepara muy bien.

    c. Carlos lo prepara muy bien.

5. Santiago prefiere llevar el abrigo.

    a. Santiago nos prefiere llevar.

    b. Santiago prefiere llevarlo.

    c. Santiago la prefiere llevar.

6. Quiero sacar fotos de México hoy.

    a. Lo quiero sacar hoy.

    b. Quiero sacar las fotos hoy.

    c. Las quiero sacar hoy.

ACTIVIDAD 16 **¿Qué hay en la maleta?**

Beatriz is going away for the weekend, and her mother is helping her pack a suitcase. Complete the conversation with the appropriate pronouns.

Mamá: Beatriz, ¿ya tienes el vestido que vas a llevar a la fiesta?

Beatriz: Sí, mamá, ya _____ tengo.

Mamá: Necesitas el impermeable y el paraguas también; está lloviendo.

Beatriz: _____ tengo en la maleta, mamá.

Mamá: ¿Y la bufanda?

Beatriz: No _____ necesito, mamá, porque no hace mucho frío.

Mamá: ¿Tienes la cámara? ¿Quieres sacar fotos?

Beatriz: Sí, necesito sacar fotos de los amigos. _____ quiero sacar en la fiesta. Gracias, mamá.

Unidad 3
Etapa 3

CUADERNO
Más práctica

GRAMÁTICA: PRESENT PROGRESSIVE

 ACTIVIDAD 17 ¡Están ocupados!

Choose the correct form of **estar** to complete the sentences.

1. Nelda y Juan (están/está) estudiando hoy.

2. Yo (está/estoy) escribiendo una carta.

3. Tú (estás/estamos) tomando el sol.

4. Mi abuela (estoy/está) leyendo cartas.

5. Mariela y yo (estoy/estamos) caminando en la nieve.

 ACTIVIDAD 18 ¿Qué están haciendo?

Everybody's doing his or her favorite thing. Write sentences with the words given.

1. Pedro y Guadalupe / jugar al tenis

_____

2. los abuelos y yo / ver la televisión

_____

3. yo / sacar fotos

_____

4. Carla / escribir una carta

_____

5. Héctor / bailar en un club

_____

 ACTIVIDAD 19 ¿Qué estás haciendo?

Imagine it's your favorite time of the week and you are doing exactly what you like to do. Say where you are, and list five things that are happening right now.

_____

_____

_____

_____

_____

Unidad 3 Etapa 3

CUADERNO Más práctica

ESCUCHAR

1 Bienvenidos a Oaxaca

Escucha la narrativa y subraya las cosas que a Maricarmen le gusta hacer con sus amigos en Oaxaca. (*Hint: Underline what Maricarmen likes to do with her friends.*)

jugar al tenis	ir al museo
ir al mercado	patinar en el parque
nadar en la piscina del hotel	mirar a la gente
comer en un restaurante	estudiar en la biblioteca
tomar un refresco en un café	ir a Monte Albán

2 ¡Tengo mucho que hacer!

José Luis va a estar muy ocupado esta tarde. Escucha la narrativa y ordena los lugares en el orden en que él los menciona. (*Hint: Number the places in order.*)

joyería   zapatería   carnicería   librería   papelería

3 Un viaje

Patricia y su familia van a pasar sus vacaciones en la Ciudad de México. Escucha mientras habla del viaje e indica si cada una de las siguientes oraciones es **C** (cierta) o **F** (falsa). (*Hint: Say what is true.*)

C   F   **1.** La familia va a ir en tren a la ciudad.

C   F   **2.** La familia va a tomar un taxi al hotel.

C   F   **3.** El hotel tiene canchas de tenis.

C   F   **4.** La familia va a tomar el metro mucho.

C   F   **5.** Los padres quieren ir al parque, pero los hijos quieren ir al museo.

C   F   **6.** La familia va a visitar iglesias, mercados y pirámides.

Nombre _____ Clase _____ Fecha _____

ACTIVIDAD 4 Una familia grande

La señora Rivas necesita la ayuda de su familia hoy. Escucha lo que dice y escribe el mandato que le da a cada miembro de la familia. *(Hint: Write the command.)*

Rosario _____ Sofía _____

Ramón _____ Pablo _____

Juanito _____ Ivana _____

ACTIVIDAD 5 Alejandro y Julia

Julia y Alejandro hablan de los planes para sus vacaciones. Escucha y completa cada frase según lo que dicen ellos. *(Hint: Complete each statement.)*

1. Julia quiere ir a _____.

2. Alejandro dice que Julia no va a estar _____ en la ciudad.

3. Julia piensa que es _____ estar con la familia.

4. Alejandro piensa que los _____ son modernos.

5. La familia de Alejandro va a _____.

6. Julia quiere unas _____ de las montañas.

7. Alejandro quiere una postal del _____.

ACTIVIDAD 6 Direcciones para la fiesta

Fernanda da direcciones a la fiesta en su casa. Escucha las direcciones y contesta cada una de las siguientes preguntas. *(Hint: Answer each question.)*

1. ¿Cuándo es la fiesta? _____

2. ¿Es difícil tomar el taxi? _____

3. ¿Cuál es la dirección? _____

4. ¿Qué autobús tomas para ir a la fiesta? _____

5. ¿Qué tienes que hacer en la esquina con la panadería La Excelente? _____

6. ¿Qué tienes que hacer en la Joyería Gómez? _____

Nombre _____ Clase _____ Fecha _____

VOCABULARIO 〰〰〰〰〰〰〰〰〰〰〰〰〰〰〰〰〰〰

ACTIVIDAD 7 ¿Adónde voy?

Subraya la palabra que mejor completa cada oración. *(Hint: Underline the best word.)*

1. Para mandar una carta, voy al (banco/correo).

2. En (la farmacia/el hotel), hay una piscina muy bonita.

3. Voy a la (pastelería/iglesia) para comprar la merienda.

4. Tomo un refresco en (el café/la zapatería).

5. Compro pan para la cena en la (joyería/panadería).

ACTIVIDAD 8 ¿Adónde vamos?

Escribe el nombre de la tienda donde puedes comprar las siguientes cosas.
(Hint: Where would you buy these things?)

1. _____

4. _____

2. _____

5. _____

3. _____

6. _____

ACTIVIDAD 9 ¿Por qué?

Explica por qué va una persona a los siguientes lugares. *(Hint: Why would a person go to these places?)*

1. el correo _____

2. el aeropuerto _____

3. la papelería _____

4. el cine _____

Nombre _____ Clase _____ Fecha _____

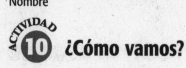

10 ¿Cómo vamos?

Contesta cada una de las siguientes preguntas. *(Hint: Answer each question.)*

1. Quiero ir a Europa. ¿Voy en tren? _____

2. Voy a visitar a mis primos en Puerto Rico. ¿Es posible ir en barco? _____

3. Tengo que ir a la librería y no tengo mucho tiempo. ¿Tomo el autobús o un taxi?
_____

4. Quiero ir al centro comercial. Tengo mucho tiempo pero no tengo muchos pesos.
¿Voy en metro o en taxi? _____

11 En la ciudad

Tienes direcciones para llegar a varios lugares. Empezando en la **X**, sigue las direcciones y escribe tu destinación. *(Hint: Follow directions and write where you arrive.)*

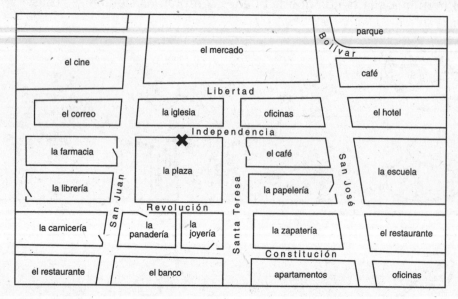

1. Dobla a la derecha. ¿Ves el café? Cruza la calle Santa Teresa y dobla a la derecha. Camina tres cuadras. Vas a pasar la zapatería. _____

2. Toma la calle Santa Teresa y camina derecho una cuadra. Pasa por el mercado y cruza la avenida Bolívar. _____

3. Cruza la calle Independencia y mira a la izquierda. Vas a ver el correo. Cruza la calle San Juan y luego dobla a la derecha. Camina una cuadra y cruza la calle Libertad. _____

4. Pasa por la plaza hasta ver la panadería. Cruza la avenida Revolución, luego dobla a la derecha, cruza la calle San Juan y camina una cuadra.
_____

¡En español! Level 1

Nombre _____ Clase _____ Fecha _____

GRAMÁTICA: THE VERB *decir*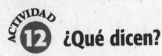

ACTIVIDAD 12 ¿Qué dicen?

Subraya la palabra que mejor completa cada una de las siguientes oraciones.
(Hint: Underline the best word.)

1. Sofía (digo/dice) que el mercado tiene las cosas más bonitas.

2. Los profesores (decimos/dicen) que tenemos que estudiar.

3. Yo (digo/dices) que la plaza es el lugar más interesante de toda la ciudad.

4. María y yo (digo/decimos) que la playa es el mejor lugar para las vacaciones.

5. ¿Qué (dices/dice) tú? ¿Vamos al parque esta tarde?

ACTIVIDAD 13 ¿Adónde vamos?

Indica adónde dice que quiere ir cada persona. *(Hint: Say where everybody says he or she wants to go.)*

modelo: José/librería <u>José dice que quiere ir a la librería.</u>

1. Carlos / parque _____

2. yo / mercado _____

3. tú / cine _____

4. Josefina y Tina / café _____

5. Sofía y yo / plaza _____

ACTIVIDAD 14 Decimos qué queremos

¿Qué crees que quiere decir cada persona en las siguientes situaciones? *(Hint: What might each person say in these situations?)*

modelo: yo, en el cine <u>Digo que quiero ver una película.</u>

1. Carlos y Miguel, en la papelería _____

2. Susana, en la librería _____

3. tú, en el café _____

4. mis amigos y yo, en el aeropuerto _____

5. ustedes, en el correo _____

6. yo, en el banco _____

¡En español! Level 1

Nombre _____ Clase _____ Fecha _____

GRAMÁTICA: PREPOSITIONAL PHRASES

ACTIVIDAD

15 Un poco de geografía

Indica si cada una de las siguientes oraciones es **C** (cierta) o **F** (falsa). *(Hint: Mark **C** for true and **F** for false.)*

C   F   **1.** Nueva York está cerca de Los Ángeles.

C   F   **2.** México está lejos de Estados Unidos.

C   F   **3.** Puerto Rico está al lado de California.

C   F   **4.** Portugal está al lado de España.

C   F   **5.** Argentina está lejos de México.

ACTIVIDAD

16 ¿De dónde sale?

Indica de qué tienda o lugar sale cada persona. *(Hint: Say from where each person is leaving.)*

> **modelo:**   Acabo de comprar carne. <u>Salgo de la carnicería.</u>

1. Miguel tiene pan. _____

2. María y Carlos acaban de comprar libros. _____

3. José y yo tenemos unos discos compactos. _____

4. Estás comiendo un pastelito. _____

5. Acabo de ver una película. _____

ACTIVIDAD
17 ¿Ves a los niños?

Tú y tu amigo(a) están cuidando a tus hermanitos. Cuando estás con ellos en la plaza, no siempre los puedes ver porque están detrás de cosas. Di dónde están según las palabras en el ejercicio. *(Hint: Say if your brothers and sisters are in front of or behind the following things.)*

> **modelo:**   Los veo. (estatua) <u>Están delante de la estatua.</u>

1. No los veo. (motocicleta) _____

2. Los veo. (árbol) _____

3. No los veo. (banca) _____

¡En español! Level 1

GRAMÁTICA: PREPOSITIONAL PHRASES

ACTIVIDAD 18 ¿Dónde está?

Mira el dibujo e indica dónde está cada lugar. *(Hint: Say where each place is.)*

modelo: librería / panadería <u>La librería está a la izquierda de la panadería.</u>

1. librería / zapatería _____

2. joyería / panadería _____

3. banco / correo y tienda de música _____

   _____

4. tienda de música / joyería _____

   _____

5. correo / banco _____

6. zapatería / panadería y joyería _____

   _____

ACTIVIDAD 19 ¿Qué queda cerca?

Mira el dibujo y contesta cada una de las siguientes preguntas. *(Hint: Answer each question.)*

1. ¿Qué tiendas quedan más cerca del correo? _____

2. ¿Qué tienda queda más lejos del banco? _____

3. ¿Qué tienda queda a la derecha del banco? _____

4. ¿Qué tienda queda a la izquierda de la joyería? _____

5. ¿Qué tienda queda entre la librería y la zapatería? _____

GRAMÁTICA: REGULAR AFFIRMATIVE *tú* COMMANDS 🌀🌀🌀

ACTIVIDAD 20 Tienes que...

¿En qué situación puedes usar cada mandato? Empareja cada situación con el mandato apropiado. (*Hint: Match the command to the situation.*)

_____ **1.** Bébelo.

_____ **2.** Léela.

_____ **3.** Escríbelas.

_____ **4.** Cómelo.

_____ **5.** Cómpralos.

_____ **6.** Escúchame.

a. Tienes que escribir unas cartas.

b. Hay que leer una novela para la clase de inglés.

c. Tu mamá te está hablando.

d. Tienes un refresco.

e. Hay un sándwich en tu plato.

f. Necesitas unos libros para la escuela.

ACTIVIDAD 21 Direcciones para el museo

Completa las siguientes oraciones con la forma correcta del verbo entre paréntesis. (*Hint: Complete the sentences.*)

Primero, _____ (tomar) el autobús número siete. Vas a llegar a la plaza.

_____ (cruzar) la plaza hasta llegar a la estatua de Colón. Allí

_____ (doblar) a la izquierda y _____ (caminar) derecho hasta

llegar a la calle Francisco. Vas a ver el museo a la derecha. _____ (entrar)

por las puertas grandes.

ACTIVIDAD 22 Un día con tu hermanito

Hoy es sábado y tienes que cuidar a tu hermano. Dile lo que tiene que hacer durante el día. (*Hint: Tell your brother what to do.*)

modelo: escribir / carta <u>Escribe la carta./Escríbela.</u>

1. cuidar / perro _____

2. comer / merienda _____

3. mirar / televisión _____

4. tocar / guitarra _____

5. leer / libros _____

ESCUCHAR ⌁⌁⌁⌁⌁⌁⌁⌁⌁⌁⌁⌁⌁⌁⌁⌁⌁⌁⌁⌁⌁⌁⌁⌁⌁

ACTIVIDAD 1 De compras

¡A Marta le gusta ir al mercado! Escucha la narrativa y decide para quién va a comprar cada cosa que menciona: **mamá, papá, abuela** o **Felipe.** *(Hint: Whom is the speaker shopping for?)*

1. _____

4. _____

2. _____

5. _____

3. _____

6. _____

ACTIVIDAD 2 Mi mercado favorito

Manuel habla del mercado. Escucha y marca las cosas que él menciona. *(Hint: Check the things Manuel likes about the market.)*

_____ Hay muchos colores.

_____ Gana mucho dinero cuando trabaja en el mercado.

_____ Ve a muchas personas que conoce.

_____ Puede buscar diferentes regalos.

_____ Es un lugar tranquilo.

_____ Le gusta regatear con los vendedores.

_____ Le gusta ver la comida y las flores.

ACTIVIDAD 3 Feliz cumpleaños

Elena habla de comprar regalos. Escucha lo que dice. Después, indica para quiénes son los regalos. (*Hint: Whom is each gift for?*)

1. _____

4. _____

2. _____

5. _____

3. _____

6. _____

ACTIVIDAD 4 Una vendedora

Escucha sobre la vida de una vendedora y contesta cada una de las siguientes preguntas. (*Hint: Answer each question.*)

1. ¿La vendedora trabaja en el mercado? _____

2. ¿La vendedora trabaja cinco días a la semana? _____

_____

3. ¿La vendedora hace las joyas o las compra? _____

4. ¿La vendedora prefiere trabajar con oro o con plata? _____

5. ¿Por qué no recibe mucho dinero la vendedora? _____

_____

6. ¿Por qué le gusta su trabajo? _____

_____

¡En español! Level 1

VOCABULARIO

ACTIVIDAD 5 En el mercado

Subraya la palabra que mejor completa cada una de las siguientes oraciones.
(*Hint: Underline the best word.*)

1. Voy a comprar un (collar/cinturón) de oro para mi mamá.

2. Mi hermano quiere unas botas de (cuero/plata).

3. Buscamos unas (ollas/carteras) de cerámica negra.

4. Podemos regatear para pagar un (precio/plato) bueno.

5. El vendedor dice que los anillos (compran/cuestan) cincuenta pesos.

6. Mis primos necesitan unas (jarras/joyas) y ollas bonitas para decorar su nueva casa.

ACTIVIDAD 6 Una carta de María

Usa las siguientes palabras para completar la carta. (*Hint: Complete the letter.*)

regatear   precio   cuero   mercado   para   joyas   ollas

Querida Susana:

Mañana vamos al _____ para comprar unos regalos. Quiero ver los collares y otras _____ de plata, las _____ y otras cosas de cerámica, y las botas y otros artículos de _____. Me gusta buscar regalos en el mercado porque puedo _____ con los vendedores. Siempre encuentro un buen regalo a un buen _____. ¿Sabes? ¡Busco un regalo _____ ti también!

Con cariño,

María

ACTIVIDAD 7 Un día perfecto

Vas a pasar el día visitando a amigos. Usa la forma correcta de uno de los verbos de la caja para completar el siguiente párrafo. *(Hint: Use forms of the verbs given to complete this plan for a day visiting friends.)*

> almorzar
> costar   dormir   encontrar   poder   volver
> recordar

Primero, vamos a _____ tarde. ¡No tenemos prisa! _____ comer en casa si ustedes quieren, pero ¿por qué no _____ en el Café Universal? Allí la comida y el servicio son excelentes, y las tortas no _____ mucho. Luego vamos al mercado. Nosotros siempre _____ buenos regalos allí. ¿Ustedes _____ esa tienda de ropa que les gusta tanto? Está en la plaza, cerca del mercado. Después de pasar por la plaza y unas tiendas más, _____ a casa para cenar. Por la noche, vamos a ver la televisión, ¿está bien?

ACTIVIDAD 8 El regateo

Completa la siguiente conversación entre un cliente y un vendedor. *(Hint: Complete the conversation.)*

Cliente: Por favor, ¿cuánto _____ estos aretes?

Vendedor: Bueno, los aretes de _____ cuestan 75 pesos; los de oro cuestan 90.

Cliente: Ay, son muy _____. No tengo mucho dinero.

Vendedor: Si usted quiere algo más _____ , las pulseras cuestan 45 y 60 pesos. Y tengo que decirle que todas mis joyas son de buena _____.

Cliente: Sí, claro, son muy bonitas. El problema es que no tengo mucho dinero en _____ y no quiero usar mi _____. Voy a mirar otras joyas también.

Vendedor: Bueno, usted va a volver. Mis _____ son las mejores del mercado.

¡En español! Level 1

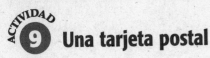

GRAMÁTICA: STEM-CHANGING VERBS: *o → ue* ʘʘʘʘʘʘ

ACTIVIDAD 9 Una tarjeta postal

Usa palabras de la caja para completar la siguiente tarjeta postal de Oaxaca. *(Hint: Use words from the box to complete this postcard.)*

> duermo
> encuentro   puedes   recuerdas   almorzamos   cuestan
> volvemos

Querido José:

    ¿Cómo estás? Aquí todo está bien.
¿_____ qué bonita es esta ciudad?
También hay mucho que hacer. Hoy voy al
mercado. Allí _____ tantas cosas
bonitas. Algunas de ellas _____
mucho dinero, pero no es caro mirar,
¿verdad? Esta noche _____ en el
hotel, pero después me quedo con amigos.
Mañana mis amigos y yo _____
en el café Bellas Artes y luego vamos a los
museos. Por fin _____ a casa.
¿ _____ venir a vernos?
¡Esperamos que sí!

              Hasta pronto, Paquita

Miguel Amarilla Mena
Calle Sande, N° 25
10001, Cáceres

ACTIVIDAD 10 De vacaciones

¿Qué haces cuando estás de vacaciones? Contesta cada una de las siguientes preguntas con oraciones completas. *(Hint: Answer each question.)*

1. Cuando estás de vacaciones, ¿duermes en un hotel? _____

2. Si te gusta comer en un restaurante, ¿vuelves otro día? _____

3. Antes de ir a un mercado, ¿cuentas tu dinero? _____

4. De vacaciones, ¿almuerzas en restaurantes elegantes o en cafés? _____

GRAMÁTICA: INDIRECT OBJECT PRONOUNS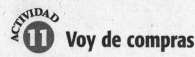

ACTIVIDAD 11 Voy de compras

Subraya la palabra que mejor completa cada una de las siguientes oraciones.
(*Hint: Underline the best word.*)

1. A mi hermano (le/me) compro una cartera.

2. A mis amigos (le/les) compro unas revistas.

3. A ti (le/te) compro una olla negra.

4. A mamá y papá (le/les) compro una blusa y una camisa.

5. A ustedes (le/les) compro unas joyas.

6. A Jacinta (le/te) compro unos aretes de plata.

ACTIVIDAD 12 Regalos para todos

Completa cada una de las siguientes oraciones con la palabra correcta. (*Hint: Use an indirect object pronoun in your answer.*)

1. Jorge _____ da unos collares de oro a mí.

2. Ricardo _____ compra unas botas negras a su hermano.

3. Mamá y papá _____ dan unos regalos bonitos a ti.

4. Sus amigos _____ dan discos compactos y videojuegos a Susana.

5. Yolanda _____ compra zapatos de tenis a sus amigas.

6. Nuestros hermanos _____ dan unos libros a nosotros.

ACTIVIDAD 13 Te doy un regalo

Indica lo que se dan las siguientes personas. (*Hint: Say what people are giving each other.*)

modelo: tú / botas / Miguel <u>Le das unas botas a Miguel.</u>

1. yo / cinturón / papá _____

2. mis hermanos / videojuegos / Ramón _____

3. nosotros / camisa / tú _____

4. Lola / aretes / sus amigas _____

5. tú / gorras / nosotros _____

GRAMÁTICA: INDIRECT OBJECT PRONOUNS ⓒⓒⓒⓒⓒⓒⓒⓒ

14 El regateo

Combina las palabras y escribe una oración que indica lo que dicen los vendedores y los clientes. *(Hint: Say what the salespeople and customers tell each other.)*

> **modelo:** yo / a los amigos: yo / buscar / aretes / plata
>
> <u>Les digo que busco unos aretes de plata.</u>

1. vendedor / a mí: aretes / costar / 50 / pesos

_____

2. yo / al vendedor: aretes / ser / caro

_____

3. yo / a los amigos: yo no / tener / dinero

_____

4. amigos / a mí: otro / vendedores / vender / aretes

_____

5. vendedor / a nosotros: su / aretes / ser / mejor

_____

6. nosotros / al vendedor: volver / después / mirar / otro / aretes

_____

15 Una visita

Algunos de tus amigos van a visitarte. Usando las frases abajo, indica lo que vas a hacer para ellos. *(Hint: Say what you'll do for your friends.)*

> **modelo:** encontrar un hotel <u>Les encuentro un hotel.</u>

1. dar direcciones _____

2. preparar la cena _____

3. comprar regalitos _____

4. contar historias _____

5. decir adónde ir _____

Unidad 4
Etapa 2

CUADERNO
Más práctica

GRAMÁTICA: INDIRECT OBJECT PRONOUN PLACEMENT

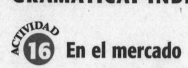

16 En el mercado

Mañana es el cumpleaños de la tía Josefina. Todos están buscando regalos para ella. Indica qué quiere comprarle cada persona. *(Hint: Say what each person wants to buy for Tía Josefina.)*

modelo: yo / bolsa de cuero
Quiero comprarle / Le quiero comprar una bolsa de cuero.

1. yo / aretes de oro _____

2. Rodrigo / olla negra _____

3. tú / camisa azul _____

4. Juanita y Tito / pulsera de plata _____

_____

5. todos nosotros / pastel de chocolate _____

_____

6. Lucía / discos compactos _____

_____

17 Julio va de compras

Julio va de compras por unos regalos de cumpleaños. ¿Qué les puede dar a las siguientes personas? *(Hint: What could he give the following people?)*

modelo: yo: me gusta leer Julio puede darme (me puede dar) un libro.

1. yo: me gusta jugar al béisbol _____

2. tú: te gusta ver películas _____

3. Tina y Celia: les gusta jugar al tenis _____

4. Carlos y Paco: les gusta viajar _____

5. su hermano: le gusta ir de compras _____

ESCUCHAR ⟨⟨⟨⟨⟨⟨⟨⟨⟨⟨⟨⟨⟨⟨⟨⟨⟨⟨⟨⟨⟨⟨

ACTIVIDAD 1 Un mesero

Marcos habla de su trabajo de mesero. Escucha y marca las cosas que menciona.
(*Hint: Check the things that the waiter mentions.*)

_____ **1.** Le gusta trabajar en el restaurante.

_____ **2.** Hay muchos clientes.

_____ **3.** Los clientes le dejan buenas propinas.

_____ **4.** Le pagan bien en el restaurante.

_____ **5.** Los clientes son interesantes.

_____ **6.** Después de trabajar, puede comer todo lo que quiere.

ACTIVIDAD 2 Un restaurante nuevo

Una señora habla de su nuevo restaurante. Escucha e indica si cada una de las
siguientes oraciones es **C** (cierta) o **F** (falsa). (*Hint: Say what is true.*)

C F **1.** La especialidad del restaurante es la comida china.

C F **2.** Tienen muchas especialidades de Oaxaca.

C F **3.** Sirven comida tradicional.

C F **4.** Su flan es el mejor del país.

C F **5.** Tienen lugares especiales para fiestas.

C F **6.** El restaurante es informal.

ACTIVIDAD 3 Un problema

Rafael va a comer en un restaurante con su familia, pero no le gusta mucho la comida
allí. Escucha la narrativa y marca con un círculo las cosas que le gustan. (*Hint: Circle the
items the speaker likes.*)

Unidad 4
Etapa 3

CUADERNO
Más práctica

ACTIVIDAD 4 Una cena estupenda

Los tíos de María van a visitar. Escúchale describir cómo van a celebrar y subraya las palabras que mejor completan cada una de las siguientes oraciones. *(Hint: Underline the words that best complete each sentence.)*

1. La familia va a celebrar esta noche porque (sus tíos visitan/va de vacaciones a Guadalajara).

2. La chica va a preparar (tacos/un mole negro).

3. La familia va a beber (refrescos y café/té y agua).

4. De postre van a comer (flan/pastel).

5. La chica tiene que salir a comprar (el postre/el pan).

6. Después de cenar y conversar, todos van a (cantar/volver tarde a casa).

ACTIVIDAD 5 ¿Dónde vamos a comer?

Dos amigos hablan de dónde van a comer. Escucha y completa cada frase.
(Hint: Complete each sentence.)

1. El chico quiere comer en el restaurante _____.

2. Le gusta el restaurante porque _____.

3. La chica no quiere comer en La Madre Tierra porque _____
_____.

4. El chico dice que ella no va a pagar porque _____.

5. El chico dice que ella puede comer _____
_____.

6. La chica acepta y dice que _____.

VOCABULARIO ⊚⊚⊚⊚⊚⊚⊚⊚⊚⊚⊚⊚⊚⊚⊚⊚⊚⊚⊚⊚⊚⊚⊚⊚⊚⊚⊚

ACTIVIDAD 6 **En la mesa**

Subraya las palabras que mejor completan las siguientes oraciones. *(Hint: Underline the best words.)*

Usamos muchas cosas para comer. Ponemos la comida en (el plato/la jarra). En (la jarra/la olla), ponemos el agua o la limonada. Para tomar la sopa, necesitamos (la olla/la cuchara). Tomamos el café y el té caliente de (una taza/un cuchillo). A la izquierda del plato ponemos (el tenedor/el vaso) porque lo necesitamos para comer la carne, los frijoles y la ensalada. (El azúcar/El vaso) es para tomar agua.

ACTIVIDAD 7 **¿Adónde fuiste?**

Usa las siguientes palabras para decir adónde fuiste para comprar cada cosa. No es necesario usar todas las palabras. *(Hint: Say where you went to buy each item.)*

> el mercado   la carnicería   la librería   la papelería
> la joyería   la panadería   la pastelería   el supermercado

1. _____

2. _____

3. _____

4. _____

5. _____

6. _____

Unidad 4
Etapa 3

CUADERNO
Más práctica

ACTIVIDAD 8 Cenamos fuera

Completa el párrafo usando una palabra lógica para llenar cada espacio en blanco. (*Hint: Complete the paragraph logically.*)

Esta noche vamos a cenar en un **1.** _____ muy bueno. Mi familia come

allí mucho porque la **2.** _____ es deliciosa y los **3.** _____ no

son altos. Pienso que yo voy a **4.** _____ las enchiladas de pollo y también

una **5.** _____ de lechuga y tomate. Voy a **6.** _____ agua. Mis

padres siempre comen el bistec y papas fritas. De **7.** _____, generalmente

piden flan o frutas. Los meseros casi siempre nos **8.** _____ muy rápido,

por eso mis padres les dejan una buena **9.** _____. Mi papá

paga la **10.** _____ con tarjeta de crédito, pero paga la propina en

11. _____.

ACTIVIDAD 9 Vamos a comer

Completa el párrafo pensando en tus propias opiniones y experiencias. (*Hint: Complete the paragraph.*)

Me gusta ir con mi _____ al restaurante _____. Allí los precios

son _____ y la comida es _____. Mi plato favorito es

_____. También me gustan _____. Me gusta el restaurante

porque es _____.

ACTIVIDAD 10 Una cena

Invita a tus amigos a cenar en tu casa. Diles lo que vas a preparar y lo que pueden traer ellos. Incluye en la invitación direcciones a tu casa. (*Hint: Invite your friends to dinner.*)

_____

_____

_____

_____

_____

_____

_____

_____

_____

Unidad 4 Etapa 3

CUADERNO Más práctica

GRAMÁTICA: THE VERB *gustar* ⊚⊚⊚⊚⊚⊚⊚⊚⊚⊚⊚⊚⊚⊚⊚⊚

ACTIVIDAD 11 Mis restaurantes favoritos

Subraya las palabras que mejor describen los restaurantes favoritos de Marta.
(Hint: Underline the best words.)

Me **1.** (gusta/gustan) los restaurantes que son muy diferentes. Uno de ellos se llama La
Madre Tierra, y como allí con mi amigo Carlos. A él le **2.** (gusta/gustan) el bistec y a mí
me **3.** (gusta/gustan) las enchiladas. El mole nos **4.** (gusta/gustan) a los dos. Es
fantástico. También almuerzo mucho en el nuevo café vegetariano que está en la plaza.
Me **5.** (gusta/gustan) mucho sus ensaladas y sus frijoles con arroz. Sirven unos postres
fabulosos, y me **6.** (gusta/gustan) especialmente su pastel de manzana. A mis
hermanos no les **7.** (gusta/gustan) comer allí porque les **8.** (gusta/gustan) mucho la
carne. Pero a mi amiga Raquel le **9.** (gusta/gustan) todos sus platos.

ACTIVIDAD 12 No le gustan...

Menciona una persona que **le gusta** y una persona que **no le gusta** cada una de las
siguientes comidas. *(Hint: Who likes and doesn't like the following foods?)*

modelo: Me gustan las enchiladas, pero no les gustan a mis amigos.

1. _____
_____
_____

2. _____
_____
_____

3. _____
_____
_____

4. _____
_____
_____

Unidad 4
Etapa 3

CUADERNO
Más práctica

GRAMÁTICA: AFFIRMATIVE AND NEGATIVE WORDS ⊚⊚⊚⊚

ACTIVIDAD 13 En el restaurante

Subraya las palabras que mejor completan una descripción de ir a un restaurante. *(Hint: Underline the best words.)*

Me gusta comer en La Madre Tierra con mi familia. Sirven muchos platos buenos y siempre tienen **1.** (algo/alguno) especial. Antes de pedir la comida todos queremos una bebida. Mamá **2.** (alguien/siempre) quiere una bebida caliente, pero papá **3.** (nunca/nadie) toma café. Él prefiere los refrescos o agua. En mi familia **4.** (ningún/nadie) toma sopa. Preferimos una ensalada. Todos comen enchiladas excepto yo; yo siempre como el bistec o **5.** (algún/también) plato especial. Al final, mis padres y hermanos piden flan, pero yo no quiero **6.** (nada/tampoco) de postre.

ACTIVIDAD 14 ¡Pero, mamá!

Vas a un restaurante con tu familia. Tu hermano no quiere comer nada que sugiere tu mamá. Escribe sus respuestas. *(Hint: Write your brother's negative response.)*

1. Tienes que comer algo con carne. _____

2. Come alguna fruta. _____

3. Puedes comer algo dulce después. _____

4. Necesitas beber algo más que refrescos. _____

5. Come algún plato grande. _____

ACTIVIDAD 15 De compras

Vas de compras con una amiga, pero ella no está de acuerdo con lo que dices. Escribe sus respuestas negativas para cada oración que dices. *(Hint: Write your friend's negative responses.)*

1. Hay algunas frutas frescas en el mercado. _____

2. Siempre encontramos buenos videos en esta tienda. _____

_____

3. Conocemos a alguien en la zapatería. _____

4. Podemos comprar algo bonito en esa tienda. _____

5. Y los meseros son buenos, también. _____

Unidad 4
Etapa 3

CUADERNO
Más práctica

GRAMÁTICA: AFFIRMATIVE AND NEGATIVE WORDS

ACTIVIDAD 16 ¿Y tú?

Contesta cada pregunta según tus propias experiencias. *(Hint: Answer each question.)*

1. ¿Tienes algunos amigos? _____

2. ¿Siempre vas de compras los sábados? _____

3. ¿Conoces a alguien aburrido? _____

4. ¿Nunca comes nada de postre? _____

5. ¿Conoces algunos restaurantes buenos? _____

ACTIVIDAD 17 Un restaurante terrible

Usando las palabras abajo, escribe oraciones describiendo un restaurante que no te gusta. *(Hint: Write sentences about a restaurant you don't like.)*

modelo: nunca <u>Nunca sirven comida picante.</u>

1. nunca _____

2. nadie _____

3. ningún _____

4. tampoco _____

5. nada _____

ACTIVIDAD 18 Tiene sus más y sus menos

La mayoría de restaurantes tiene sus más y sus menos. Usa las palabras abajo para describir un restaurante que conoces. *(Hint: Say good and bad things about a restaurant you know.)*

modelo: (alguien / nadie)
<u>Nadie es muy simpático, pero alguien siempre trae más café.</u>

1. (alguien / nadie) _____

2. (siempre / nunca) _____

3. (algo / nada) _____

4. (algún / ningún) _____

5. (también / tampoco) _____

Unidad 4
Etapa 3

CUADERNO
Más práctica

GRAMÁTICA: STEM-CHANGING VERBS: e→i

 19 Mi trabajo

Subraya las palabras que mejor completan el párrafo sobre trabajar en un restaurante. *(Hint: Underline the best words.)*

Trabajo en un restaurante. Nosotros (sirven/servimos) unas enchiladas excelentes, y los clientes las (piden/pedimos) con mucha frecuencia. Nuestros meseros (sirven/servimos) muy bien a los clientes. Cuando los clientes (piden/pedimos) la comida, las bebidas o la cuenta, los meseros traen todo muy rápidamente. Cuando yo como en el restaurante, (pide/pido) enchiladas también. ¿Qué (pide/pides) tú?

20 ¿Cómo es tu restaurante favorito?

Contesta las siguientes preguntas sobre tu restaurante favorito. *(Hint: Answer each question.)*

1. ¿Los meseros sirven bien? _____

2. ¿La comida es mexicana? _____

3. ¿Siempre pides tu plato favorito? _____

4. Si ya no sirven tu plato favorito, ¿buscas otro restaurante?

_____

5. Cuando pides la comida, ¿qué haces si el mesero no te oye? _____

_____

6. ¿Por qué te gusta el restaurante? _____

_____

ESCUCHAR

ACTIVIDAD 1 Una mañana típica

Iván habla de una mañana típica. Escucha lo que dice y marca las actividades de Iván. *(Hint: Check the activities Iván does.)*

_____ **1.** Se despierta a las siete.

_____ **2.** Se levanta a las seis y media.

_____ **3.** Se pone la ropa tres veces, porque nunca puede decidir.

_____ **4.** Se baña y se afeita antes de comer.

_____ **5.** Se lava los dientes antes de comer.

_____ **6.** Ayuda a su familia si necesitan algo.

ACTIVIDAD 2 Una noche diferente

Gabriela habla de su viaje. Escucha la narrativa y después indica si cada una de las siguientes frases es **C** (cierta) o **F** (falsa). *(Hint: Say what is true.)*

C F **1.** Gabriela y su familia van a hacer un viaje en tren mañana.

C F **2.** El tren sale temprano por la mañana.

C F **3.** Gabriela va a hacer muchas cosas esta noche.

C F **4.** Ella no quiere llevar muchas cosas.

C F **5.** Gabriela no va a tener que ducharse por la mañana.

ACTIVIDAD 3 Sábado por la mañana

Escucha la conversación entre María y su mamá. Después, completa cada frase según lo que escuchas. *(Hint: What do they say?)*

1. Mamá dice que María tiene que _____

2. María quiere _____

3. ¿Qué es lo que mamá tiene que hacer? _____

_____

4. ¿Qué es lo que María va a hacer? _____

Nombre _____ Clase _____ Fecha _____

4 **Enrique necesita ayuda**

Escucha lo que dice Enrique. Después, subraya la respuesta correcta. (*Hint: What does Enrique say?*)

1. Enrique necesita ayuda con (su proyecto/sus quehaceres).

2. Enrique tiene que ir a (la biblioteca/la tienda).

3. Enrique le pide a Marcos (lavar los platos/ordenar su cuarto).

4. Enrique le pide a Julia (limpiar su cuarto/limpiar la cocina).

5. Enrique dice que Julia no debe (escuchar sus discos compactos/usar el despertador).

5 **El trabajo diario**

Laura habla de los quehaceres. Escucha lo que dice y apunta dos quehaceres que Laura hace en el momento indicado. (*Hint: What does Laura do at this time?*)

1. por la mañana _____

2. por la tarde _____

3. después de la cena _____

4. los sábados _____

6 **¡Necesito ir de compras!**

Sergio tiene un problema. Escucha lo que dice y contesta las preguntas. (*Hint: What does he say?*)

1. ¿Dónde está el chico? _____

2. ¿Qué le pasa al chico? _____

3. ¿Qué cosas tiene el chico? _____

_____

4. ¿Qué cosas necesita comprar? _____

_____

5. ¿Para qué necesita esas cosas? _____

_____

6. ¿Qué necesita para comprar las cosas? _____

Я
Caption

VOCABULARIO

ACTIVIDAD 7 ¿Qué productos necesitas?

Empareja los productos y las actividades. *(Hint: Match the products and the activities.)*

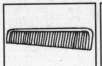 a. b. c. d. e. f.

_____ 1. lavarse la cabeza

_____ 2. lavarse los dientes

_____ 3. secarse

_____ 4. lavarse la cara

_____ 5. peinarse

_____ 6. secarse el pelo

ACTIVIDAD 8 Antes de salir

Antonio va a salir esta noche. Completa cada oración con lo que tiene que hacer Antonio para prepararse. *(Hint: Complete the sentences.)*

1. Antonio necesita _____ la cabeza.

2. Tiene que _____ los dientes.

3. Antonio va a _____ la cara.

4. Después de ducharse, Antonio necesita _____.

5. Antonio quiere _____ una camisa nueva.

ACTIVIDAD 9 ¿Cuándo?

Contesta las siguientes preguntas según tu rutina personal. Usa oraciones completas. *(Hint: Answer the questions.)*

1. Te peinas, ¿antes o después de lavarte la cabeza?_____

2. Te lavas los dientes, ¿antes o después de comer? _____

3. Te lavas la cara, ¿antes o después de lavarte la cabeza? _____

4. ¿Te acuestas tarde o temprano? _____

5. ¿Te despiertas tarde o temprano? _____

10 ¿Cuándo mandan?

¿Cuándo escuchas los siguientes mandatos? *(Hint: When do you hear this?)*

 modelo: Lava los platos. <u>después de comer</u>

1. Haz la cama. _____

2. Levántate. _____

3. Limpia tu cuarto. _____

4. Haz la tarea. _____

5. Quita la mesa. _____

6. Pon la mesa. _____

ACTIVIDAD 11 Por la mañana

Escribe unas oraciones en las cuales describes cómo es una mañana típica para la familia Ardilla *(squirrel)* en el dibujo. *(Hint: Describe the drawing.)*

_____
_____
_____
_____
_____
_____

¡En español! Level 1

GRAMÁTICA: REFLEXIVE VERBS ⊙⊙⊙⊙⊙⊙⊙⊙⊙⊙⊙⊙⊙⊙⊙

ACTIVIDAD 12 Una mañana típica

Usa las siguientes palabras para completar el párrafo. *(Hint: Complete the paragraph.)*

> me baño
> me levanto
> se maquilla
> se despiertan
> me pongo
> afeitarse
> levantarme

El despertador suena a las seis y media, pero yo nunca quiero _____ a

esa hora. Duermo un poco más y _____ a las siete menos cuarto.

_____ y _____ la ropa, y voy a la cocina a comer algo. Mis

padres _____ un poco más tarde que yo, a las siete o las siete y cuarto.

Ellos tienen dos espejos en su baño porque papá se mira en el espejo para

_____ al mismo tiempo que mamá _____.

ACTIVIDAD 13 Todos nos preparamos por la mañana

¿Qué hace cada miembro de la familia? Escribe una oración sobre lo que hace cada
persona. *(Hint: Say what each family member does.)*

   modelo: Carlos / champú <u>Carlos se lava la cabeza con el champú.</u>

1. yo / toalla _____

2. Miguel / jabón _____

3. los niños / pasta de dientes _____

4. tú / secador de pelo _____

5. los abuelos / despertador _____

Nombre _____ Clase _____ Fecha _____

GRAMÁTICA: IRREGULAR AFFIRMATIVE *tú* COMMANDS

ACTIVIDAD 14 La fiesta de los adultos

Tú y tus padres están preparando la casa para una fiesta, y ellos te mandan hacer muchas cosas. Subraya el mandato apropiado para completar cada una de las siguientes oraciones. *(Hint: Underline the command that fits the task.)*

1. (Lava/Come) los platos.

2. (Ten/Limpia) tu cuarto.

3. (Haz/Ven) las camas.

4. (Ve/Sé) a la tienda a comprar pan.

ACTIVIDAD 15 La fiesta de los jóvenes

Tus amigos te están ayudando con los preparativos para la fiesta. Pídele a un(a) amigo(a) a ayudarte a resolver los siguientes dilemas. Usa la forma correcta del verbo en paréntesis. *(Hint: Use the command form of the verb in parentheses.)*

modelo: No hay decoraciones. (hacer) <u>Por favor, haz unas decoraciones bonitas.</u>

1. Necesitamos fruta. (ir) _____

2. No hay platos en la mesa. (poner) _____

3. No tenemos postres. (hacer) _____

4. Alfredo no sabe nuestra dirección. (decir) _____

5. Necesito ayuda en la cocina. (venir) _____

ACTIVIDAD 16 Tu hermanita va a una fiesta

Tu hermanita va a una fiesta. Dale algunos consejos. Usa las palabras de las cajas. *(Hint: Give your little sister advice.)*

| llevar   ponerse   decir | | un regalo   temprano   gracias |
| salir   hacer | | comida   ropa bonita |

modelo: <u>Lleva un regalo.</u>

_____

_____

¡En español! Level 1

Nombre	Clase	Fecha

GRAMÁTICA: NEGATIVE *tú* COMMANDS

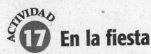 **En la fiesta**

Tienes que explicarle a tu hermano lo que no debe hacer en la fiesta. Subraya la palabra que mejor completa cada una de las siguientes oraciones. *(Hint: Underline the word that fits the sentence.)*

1. Pedrito, no (baila/bailes) en el sofá.

2. No (comas/come) mucho pastel.

3. Pedrito, ¡no (sé/seas) malo!

4. ¡No (haz/hagas) mucho ruido!

18 **Pedrito, por favor**

Tus amigos te vienen a visitar. Explícale a tu hermanito lo que no debe hacer.
(Hint: Tell your little brother what not to do.)

modelo: mirar televisión con nosotros <u>No mires la televisión con nosotros.</u>

1. ir al parque _____

2. hacer tarea en el comedor _____

3. comer toda la pizza _____

4. estar todo el tiempo en nuestro cuarto _____

5. hablar con comida en la boca _____

19 **Y en la escuela...**

Dile a tu hermanita lo que debe hacer y lo que no tiene que hacer en la escuela.
(Hint: Tell your little sister what to do and what not to do.)

modelo: ser <u>Sé buena; no seas mala.</u>

1. escuchar _____

2. hacer _____

3. decir _____

4. poner _____

5. leer _____

¡En español! Level 1

GRAMÁTICA: COMMANDS AND PRONOUN PLACEMENT

ACTIVIDAD 20 Mañana por la mañana

Tus padres te están diciendo lo que tienes que hacer mañana. Subraya las palabras que mejor completan las siguientes oraciones. *(Hint: Underline the correct words.)*

1. Mañana, ve a comprar pan. (Cómpralo/Lo compres) en el mercado.

2. Tienes mucho que hacer. (Te levantes/Levántate) temprano.

3. Vas a cuidar a tu hermana. (Cuídala/La cuides) toda la mañana.

4. Tu hermana tiene que comer buena comida. No (le des/dale) dulces.

5. Los refrescos son para los invitados que vienen por la noche. No (tómalos/los tomes).

ACTIVIDAD 21 Preguntas sobre la escuela

Dentro de unos días, tu hermanito Sebastián va a empezar su primer año en la escuela. Él te está pidiendo consejos. Dáselos. *(Hint: Give your little brother advice.)*

modelo: ¿Me levanto temprano todos los días?
Sí, levántate todos los días a las seis.

1. ¿Llevo todos mis libros todos los días? _____

2. ¿Puedo comer la merienda con mis amigos? _____

3. ¿Tengo que hacer la tarea? _____

4. ¿Qué hago si estoy cansado? _____

ACTIVIDAD 22 La fiesta sorpresa

Estás ayudando a preparar la casa de un amigo para una fiesta. Dile a un(a) amigo(a) qué hacer. Luego mándale al (a la) mismo(a) amigo(a) no hacer otra cosa. *(Hint: Give affirmative and negative commands.)*

modelo: los regalos  Ponlos en la mesa. No los dejes en casa.

1. la comida _____

2. los refrescos _____

3. los amigos _____

4. los regalos _____

5. la casa _____

ESCUCHAR 〰️〰️〰️〰️〰️〰️〰️〰️〰️

ACTIVIDAD 1 ¡A limpiar la casa!

Escucha el diálogo. Luego indica quién habla—Beto o Juanito. *(Hint: Who says each phrase?)*

1. saca la basura _____

2. estoy haciendo las camas _____

3. estoy lavando los platos _____

4. no seas perezoso _____

5. estoy trabajando _____

6. estoy barriendo el suelo _____

ACTIVIDAD 2 Una casa nueva

Pepa y su familia quieren cambiar de casa. Escucha lo que dicen. Después, ayúdalos a escoger entre las dos casas. *(Hint: Which house is best?)*

A

B

1. ¿Cuántas personas hay en la familia de Pepa? _____

2. ¿Cuál de las dos casas tiene el número de habitaciones que la familia de Pepa quiere? _____

3. ¿Cuál de las dos casas tiene el número de baños que a ellos les gustaría tener? _____

4. ¿Cuál de las casas tiene la cocina y la sala donde ellos prefieren? _____

5. Para la familia de Pepa, ¿cuáles son las ventajas *(advantages)* de Casa A? _____

_____

ACTIVIDAD 3 ¡Pobrecito!

Mauricio habla de las cosas que tiene que hacer. Escucha y luego completa las siguientes oraciones. *(Hint: Complete each statement.)*

1. Hoy no puede _____

2. Tiene que _____

   _____

3. Tiene que estudiar para un examen de _____

4. Este verano, va a _____

5. Para limpiar la casa, tiene que _____

   _____

ACTIVIDAD 4 Limpieza perfecta

Escucha el anuncio para el servicio de limpieza, Limpieza Perfecta, luego contesta las preguntas. *(Hint: Answer each question.)*

1. ¿Cuál es uno de los servicios que ofrece Limpieza Perfecta? _____

   _____

2. ¿Cómo limpian los cuartos? _____

3. ¿Qué servicio especial ofrecen? _____

4. ¿Con qué frecuencia pueden visitar su casa? _____

   _____

ACTIVIDAD 5 La sala

Escucha lo que dice Raimundo de su cuarto favorito. Después, dibújalo.
(Hint: Draw his favorite room.)

¡En español! Level 1

VOCABULARIO

ACTIVIDAD 6 ¿Dónde están?

Usa las siguientes palabras para completar las oraciones. *(Hint: Complete the sentences.)*

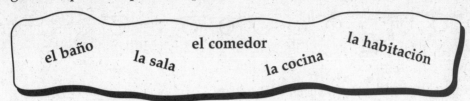

el baño   la sala   el comedor   la cocina   la habitación

1. Francisco está durmiendo en _____

2. Marina está lavando los platos en _____

3. Edgar está pasando la aspiradora en _____

4. Mi hermano está quitando el polvo de la mesa y las sillas en _____

5. Papá está en _____ preparando la cena.

6. Mamá se está bañando en _____

ACTIVIDAD 7 ¿Qué están moviendo?

Tu familia está cambiando de casa. Oyes las voces de tus padres mandando dónde poner los muebles. ¿Qué muebles están moviendo? Usa las siguientes palabras para completar estas oraciones. *(Hint: Complete the sentences using the words below.)*

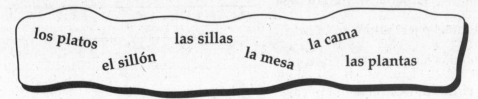

los platos   las sillas   la cama   el sillón   la mesa   las plantas

1. Ponlo en la sala. _____

2. Ponlos en la cocina. _____

3. Ponla en el comedor. _____

4. Ponla en la habitación. _____

5. Ponlas en el comedor. _____

6. Ponlas en el jardín. _____

ACTIVIDAD 8 Gracias por tu ayuda

Tu padre te deja una nota pero no puedes leer todas las palabras. Llena los espacios para completar la nota. *(Hint: Complete the note.)*

modelo: La ropa está sucia. Hay que <u>lavarla.</u>

Queridísimos hijos,

Los platos están sucios. Hay que _____. Los muebles de la sala también están sucios. Deben _____. La sala está desordenada. Hay que _____. El baño está sucio. Deben _____. El suelo de la cocina tiene mucho polvo. Hay que _____. También hay basura en la cocina. Hacer el favor de _____. Vuelvo con los abuelos a las tres de la tarde. ¡Muchas gracias por la ayuda!

ACTIVIDAD 9 ¿Cómo es tu casa?

¿Cómo es tu casa? Contesta las siguientes preguntas para describir tu casa. *(Hint: Answer the questions.)*

1. ¿Cuántas ventanas hay en tu casa? _____

2. ¿Cuántas puertas hay en tu casa? _____

3. ¿Cuántas lámparas hay en tu casa? _____

4. ¿Cuántos muebles hay en tu casa? _____

5. ¿Qué muebles hay en tu cuarto? _____

6. ¿Dónde pasas la aspiradora o barres el suelo más? _____

¡En español! Level 1

GRAMÁTICA: PRONOUNS; THE PRESENT PROGRESSIVE ◎◎

ACTIVIDAD 10 ¡Ya lo estoy haciendo!

Tienes mucho que hacer y poco tiempo en que hacerlo. Por eso, pides ayuda de tu hermanita. Pero cada cosa que le pides, te contesta que ya lo está haciendo. *(Hint: Write your sister's reply. She says she's already doing each thing.)*

> **modelo:** —Lupe, ¿no vas a limpiar la cocina?
> —Ya la estoy limpiando./Ya estoy limpiándola.

1. —Lupita, ¿puedes sacar la basura?

_____

2. —Lupe, por favor, mueve esas sillas.

_____

3. —Lupita, tienes que pasar la aspiradora.

_____

4. —Lupita, lava los platos pronto.

_____

5. —Lupe, ¿cuándo vas a hacer la cama?

_____

ACTIVIDAD 11 ¡Feliz aniversario!

Es el aniversario de bodas de tus padres y todo el mundo está ayudando a limpiar la casa. Explica quién hace cada una de las siguientes actividades. Combina frases de los dos grupos para formar oraciones completas. *(Hint: Use a phrase from each word bank to say what people are doing.)*

Luis   Felicia   tú   Jaime y yo   yo   Carmen y Mercedes

el suelo   la camisa   la aspiradora   la basura   el polvo   las camas   los perros

> **modelo:** Luis, la aspiradora Luis está pasándola./Luis la está pasando.

1. _____

2. _____

3. _____

4. _____

5. _____

ACTIVIDAD 12 El cumpleaños de Luis

Planeas la fiesta de cumpleaños de tu amigo Luis. Llamas a tus amigos a preguntar cómo ayudan. Escribe lo que están haciendo tus amigos. *(Hint: Say what people are doing.)*

modelo: ¿Estás comprando el regalo?
<u>Estoy comprándolo./Lo estoy comprando.</u>

1. ¿Están ustedes limpiando la casa? _____

2. ¿Está preparando la cena Rolando? _____

3. ¿Estás escribiendo la tarjeta? _____

4. ¿Están decorando el pastel Ana y Paquita? _____

5. ¿Están preparando las tapas los abuelos? _____

ACTIVIDAD 13 El momento ideal

Imagínate que estás de vacaciones en un paraíso. ¿Dónde estás? ¿Qué estás haciendo? Describe un momento ideal dentro de tu vacación. Utiliza las siguientes palabras para decir qué es lo que estás haciendo y qué es lo que no estás haciendo. *(Hint: Tell what you are or are not doing during a perfect moment. Use the words from the word box.)*

el suelo   una novela   unas frutas   la guitarra   un video   la televisión   una torta   unos discos compactos

modelo: <u>No estoy lavando los platos.</u>

_____

_____

_____

_____

_____

_____

¡En español! Level 1

GRAMÁTICA: USING THE VERB *deber* ⟨⟨⟨⟨⟨⟨⟨⟨⟨⟨⟨⟨⟨

ACTIVIDAD 14 Los deberes

Completa la nota que deja el padre de Antonio con las formas de **deber**.
(*Hint: Complete the note.*)

Chicos,

Yo _____ decirles que hay mucho que hacer hoy.
La cocina está sucia. Antonio, tú _____ limpiarla. También
_____ lavar los platos. Hay que quitar el polvo de los
muebles del comedor y la sala. Miguel _____ hacer eso. Las
niñas _____ limpiar sus habitaciones. ¡Están desastrosas!
_____ hacer las camas y pasar la aspiradora. Alguien
_____ llamar a la abuela por la mañana para ver si está
bien. Pienso que mamá y yo _____ volver a las cinco.

—Papá

ACTIVIDAD 15 ¿Qué debe hacer?

Explica lo que tiene que hacer cada persona para ayudar a limpiar la casa.
(*Hint: Say what each person should do.*)

modelo: La cocina está desordenada. Por eso, tú <u>debes ordenarla/la debes ordenar.</u>

1. Los platos están sucios. Por eso, Mario _____

2. Los perros necesitan comer y caminar. Por eso, yo _____

3. Hay mucho polvo en los muebles. Por eso, Julia _____

4. No hay comida para la cena. Por eso, José y Sara _____

_____

5. El baño está sucio. Por eso, Mariano y yo _____

GRAMÁTICA: USING ADVERBS THAT END IN –mente 🌀🌀🌀

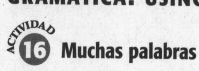

16 Muchas palabras

Tu hermanita tiene muchas palabras nuevas para aprender. Ayúdala a completar las siguientes oraciones con las palabras siguientes. *(Hint: Use the words below to complete the sentences.)*

> inteligentemente   tristemente   fácilmente   lentamente
> pacientemente   difícilmente   cuidadosamente

1. Si haces algo con inteligencia, lo haces _____.

2. Si haces algo con dificultad, lo haces _____.

3. Si haces algo con tristeza, lo haces _____.

4. Si haces algo con cuidado, lo haces _____.

5. Si haces algo con facilidad, lo haces _____.

17 En otras palabras

A veces, al dar instrucciones, te tienes que repetir. Vuelve a escribir las siguientes oraciones cambiándolas según el modelo. *(Hint: Rewrite each sentence using direct commands and adverbs.)*

> **modelo:**   Tienes que cerrar la puerta ahora mismo. <u>Ciérrala rápidamente.</u>

1. Hay que preparar este plato con cuidado. _____

2. No puedes pasar la aspiradora rápidamente. _____

3. No debes estar nerviosa cuando haces las invitaciones. _____

4. Debes lavar los platos con frecuencia. _____

5. Debes recibir los regalos con felicidad. _____

ESCUCHAR ◎◎◎◎◎◎◎◎◎◎◎◎◎◎◎◎◎

ACTIVIDAD 1 Una cena deliciosa

¿A quién le gusta? ¿A Martín o a Verónica o a los dos? *(Hint: Who likes it?)*

1. las tapas _____

2. el chorizo _____

3. la tortilla española _____

4. comer solo(a) _____

5. el arroz _____

6. la ensalada _____

ACTIVIDAD 2 Una fiesta estupenda

¿Quién hizo lo siguiente en la fiesta? *(Hint: Who did it?)*

1. Llegó con muchos discos compactos. _____

2. Bailó con Raquel. _____

3. Bailaron bien. _____

4. Tocó la guitarra. _____

5. Preparó arroz con pollo. _____

6. Preparó una tarta. _____

ACTIVIDAD 3 La fiesta de Francisco

Roberto y Francisco son hermanos. Marca las cosas que Roberto va a comprar para su hermano. *(Hint: What does he buy?)*

un pastel de chocolate

una lata de zumo

un paquete de café

una botella de leche

un paquete de aceitunas

unas zanahorias

la fruta

el pan

el queso

unas salchichas

Unidad 5
Etapa 3

CUADERNO
Más práctica

4 Unos regalos para Francisco

Subraya las cosas que la mamá de Francisco no va a regalarle en su cumpleaños.
(Hint: What is Francisco not getting?)

papel y lápices

unos libros

música

carros pequeños

un videojuego

5 Lo mejor de la fiesta

Apunta lo mejor y lo peor de cada categoría según lo que dice Daniela. *(Hint: Identify the best and worst.)*

Lo mejor	Lo peor
lo mejor de la comida _____	lo peor de la comida _____
el mejor momento _____	el peor momento _____
_____	_____
la mejor conversación _____	la peor conversación _____
_____	

6 Una fiesta divertida

Apunta tres cosas que hizo Oscar en la fiesta y tres cosas que no hizo.
(Hint: List three things he did and didn't do.)

_____

_____

_____

_____

_____

_____

_____

_____

¡En español! Level 1

Unidad 5
Etapa 3

CUADERNO
Más práctica

VOCABULARIO ⊚⊚⊚⊚⊚⊚⊚⊚⊚⊚⊚⊚⊚⊚⊚⊚⊚⊚⊚⊚⊚⊚⊚⊚

ACTIVIDAD 7 Comida para la fiesta

Completa el mensaje telefónico. (*Hint: Complete the message.*)

> puerco   tomates   azúcar   patatas   huevos   pastel   lechuga

María, soy yo. Voy a hacer un _____ para el cumpleaños de Celia. Necesito

comprar _____ y _____ para hacerlo. Francisco va a preparar

la carne. Él necesita comprar _____. María va a preparar la ensalada. Ella

tiene que comprar _____ y _____. Y tú, ¿puedes hacer

_____ fritas?

ACTIVIDAD 8 Unos platos tradicionales

Completa las siguientes oraciones. (*Hint: Complete the sentences.*)

1. El puerco y el bistec son _____.

2. Muchos norteamericanos desayunan cereal y _____.

3. Otro desayuno tradicional es pan tostado y _____.

4. El sándwich se prepara con _____, carne y queso.

5. En un restaurante italiano, puedes comer _____.

6. En Centroamérica, a la gente le gusta _____ blanco y frijoles.

ACTIVIDAD 9 Ayúdame en la cocina

Completa los siguientes mandatos. (*Hint: Complete the commands.*)

1. Deja aquí en la mesa la _____ de aceite porque voy a usarlo.

2. La leche va en el _____.

3. Pon el helado en el _____.

4. El pastel está en el _____; no lo abras.

5. No toques la _____, está caliente.

6. Por favor, saca los platos limpios del _____.

Unidad 5
Etapa 3

CUADERNO
Más práctica

ACTIVIDAD 10 ¿Qué es?

Explica para qué sirven las siguientes cosas. *(Hint: Tell what they are for.)*

    modelo: la llave <u>Es para cerrar o abrir la puerta.</u>

1. el lavaplatos _____

2. el microondas _____

3. la estufa _____

4. la aspiradora _____

5. el tenedor _____

ACTIVIDAD 11 Tres ingredientes

Apunta tres ingredientes necesarias para hacer las siguientes comidas. *(Hint: List three ingredients.)*

1. una ensalada _____

2. tu postre preferido _____

3. un buen sándwich _____

4. una sopa _____

5. las patatas alioli _____

ACTIVIDAD 12 ¿Qué te gusta comer?

¿Qué te gusta comer para las comidas escritas abajo? *(Hint: What do you like to eat?)*

1. de desayuno: _____

2. de merienda: _____

3. de cena: _____

4. de almuerzo: _____

5. de postre: _____

6. en tu restaurante preferido: _____

7. en la cafetería de la escuela: _____

8. para celebrar tu cumpleaños: _____

Unidad 5
Etapa 3

CUADERNO
Más práctica

GRAMÁTICA: TALKING ABOUT EXTREMES: SUPERLATIVES

ACTIVIDAD 13 En el supermercado

Completa las siguientes oraciones. *(Hint: Complete the statements.)*

1. _____ son la verdura
   más cara.

2. _____ es la carne más
   barata.

3. _____ son la verdura
   más barata.

4. _____ es la carne más
   cara.

ACTIVIDAD 14 ¿Qué piensas?

Utiliza las palabras abajo para hablar de lo que es, desde tu punto de vista, lo mejor y lo peor de las siguientes categorías. *(Hint: What is the best and worst?)*

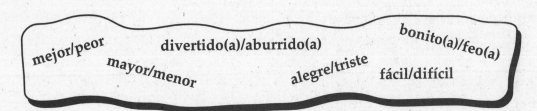

mejor/peor   divertido(a)/aburrido(a)   bonito(a)/feo(a)
mayor/menor   alegre/triste   fácil/difícil

> **modelo:** lugar: <u>Para mí, el lugar más bonito de mi pueblo es el Parque Duncan y el lugar más feo es la casa del vecino.</u>

1. lugar: _____
   _____

2. comida: _____
   _____

3. clase: _____
   _____

4. deporte: _____
   _____

GRAMÁTICA: PRETERITE OF REGULAR -ar VERBS

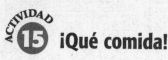

15 ¡Qué comida!

Utiliza las palabras abajo para completar la postal. *(Hint: Complete the postcard.)*

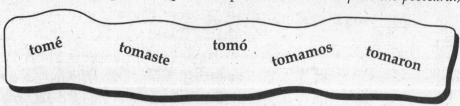

> Querida Amalia:
> En la fiesta anoche todos nosotros
> _____ refrescos y tapas
> deliciosas. María _____
> mucha limonada. Yo _____
> jamón y aceitunas. Ricardo e Isabel
> _____ zumo de naranja y
> galletas. El papá de Maribel
> _____ café y pastel. ¡Y tú,
> Amalia, no _____ nada
> porque no estuviste en la fiesta!
> Tu amigo,
> Juan

16 La casa está sucia

Ayer fue un día de descanso. Por eso, hoy la casa está muy desordenada y hay mucho que hacer. Escribe lo que cada persona no hizo ayer. *(Hint: Say what each person didn't do.)*

modelo: Tú y Lili deben sacar la basura. <u>No la sacaron ayer.</u>

1. Miguel debe lavar los platos. _____

2. Martina debe pasar la aspiradora. _____

3. Los niños deben quitar el polvo. _____

4. Tú debes limpiar el baño. _____

5. Yo debo ordenar mi cuarto. _____

6. Todos debemos limpiar la cocina. _____

GRAMÁTICA: PRETERITE OF REGULAR -ar VERBS ⟳⟳⟳⟳⟳

ACTIVIDAD 17 Una cena en casa

Ayer, toda la familia cenó junta. Utiliza las palabras abajo para decir cómo ayudó cada persona para preparar la cena o limpiar después. (*Hint: Say what each person did.*)

Ramón y yo, yo, tú, Cecilia	preparar, limpiar, lavar, comprar	cocina, comedor, pan, verduras, platos

_____

_____

_____

_____

ACTIVIDAD 18 ¿Qué pasó el año pasado?

Contesta las siguientes preguntas acerca de lo que hiciste el año pasado.
(*Hint: Say what you did.*)

1. ¿Estudiaste español? _____

2. ¿Miraste mucho la televisión? _____

3. ¿Cuántos libros compraste? _____

4. ¿Cómo celebraste el cumpleaños? _____

5. ¿Cómo ayudaste a tu familia? _____

ACTIVIDAD 19 La semana pasada

Utiliza las palabras abajo para decir lo que tú y tus amigos hicieron la semana pasada.
(*Hint: Say what you did.*)

comprar   escuchar   patinar   mirar
usar   nadar   estudiar

_____

_____

Unidad 5
Etapa 3

CUADERNO
Más práctica

GRAMÁTICA: PRETERITE OF *-car, -gar, -zar* VERBS ඐඐඐඐ

ACTIVIDAD 20 Un concierto

Subraya las palabras que mejor completan el párrafo. (*Hint: Complete the paragraph.*)

Yo **1.** (llegué/llegó) al teatro a las ocho y media, y **2.** (saqué/sacó) las entradas en el vestíbulo. **3.** (Pagué/Pagó) veinte dólares por la entrada. **4.** (Busqué/Buscó) un buen asiento y me senté. El concierto **5.** (empecé/empezó) a las nueve. El pianista **6.** (toqué/tocó) muchas piezas bonitas. Me gustó mucho el concierto.

ACTIVIDAD 21 Un sábado con la familia

Utiliza las palabras abajo para decir lo que cada persona hizo el sábado.
(*Hint: Say what they did.*)

practicar, sacar, jugar a, almorzar, empezar	videojuegos, estudiar, con los niños, la sopa, tarde, el béisbol, la basura

1. yo _____

2. tú _____

3. Marcos _____

4. el señor Villalobos _____

5. María y Ana _____

ACTIVIDAD 22 Mi familia y yo

Contesta las siguientes preguntas acerca de lo que hiciste ayer. (*Hint: Answer the questions.*)

1. ¿Dónde almorzaste ayer? ¿Y tu hermano(a)? _____

_____

2. ¿Jugaste al fútbol? ¿Y tu(s) hermano(a)s? _____

_____

3. ¿Practicaste el piano? ¿Y tu mamá o papá? _____

_____

4. ¿Llegaste a tiempo a la escuela? Y tu papá o mamá, ¿llegó a tiempo al trabajo?

_____

ESCUCHAR 〰〰〰〰〰〰〰〰〰〰〰〰〰〰〰

Tape 16 · SIDE B
CD 16 · TRACKS 8–13

ACTIVIDAD 1 Soy arquitecta

Una arquitecta habla de su trabajo. Subraya los aspectos del trabajo que le gustan. *(Hint: Underline what she likes.)*

trabajar en una oficina grande   las horas
trabajar con los clientes   viajar

ACTIVIDAD 2 Soy secretario

Utiliza las palabras del banco de palabras para completar el párrafo. *(Hint: Complete the paragraph.)*

> aprender   negocios   orden   compañía
> clientes   sencillo

Soy secretario en una _____ grande. Me gusta el trabajo. En general, mi

trabajo es tener todo en _____ para el jefe. Contesto el teléfono, escribo y

abro cartas y hablo con los _____. Me pagan lo suficiente para tener un

apartamento _____, un coche, y cenar a veces en un restaurante. Tomo

clases por la noche, porque no pienso trabajar siempre de secretario. Quiero ser hombre

de _____ y tener mi propia compañía algún día. Para hacer eso tengo que

estudiar, _____ y trabajar mucho.

ACTIVIDAD 3 Soy fotógrafo

Escucha al fotógrafo y completa el párrafo. *(Hint: Complete the paragraph.)*

Siempre tengo una _____ en la mano porque soy fotógrafo. No tengo

oficina y casi nunca estoy en casa porque necesito visitar muchos _____

interesantes. _____ muchas fotos todos los días. Algunas de las fotos son

para _____ y otras son más artísticas. A veces las _____ a

revistas. También tengo fotos en una galería. No soy _____, pero sí tengo

muchas fotos publicadas y recibo suficiente dinero para vivir.

ACTIVIDAD 4 Soy recepcionista

Contesta las preguntas según lo que dice la recepcionista. (*Hint: Answer the questions.*)

1. ¿La recepcionista trabaja en una oficina formal? _____

2. ¿Cómo son los compañeros del trabajo? _____

3. ¿La recepcionista trabaja ocho horas al día? _____

4. ¿Cómo vuelve la recepcionista a casa? _____

5. ¿A la recepcionista le gusta su trabajo? _____

ACTIVIDAD 5 Soy doctor

Contesta las preguntas según lo que dice el doctor. (*Hint: Answer the questions.*)

1. ¿Por qué es doctor? _____

2. ¿El doctor trabaja en un hospital o en una clínica pequeña?

_____

3. ¿El doctor prefiere trabajar con los pacientes o en el laboratorio?

_____

4. En su tiempo libre, ¿el doctor juega al tenis o trabaja en una clínica?

_____

5. ¿El doctor vive en una casa tradicional o moderna? _____

ACTIVIDAD 6 Soy jefa

Contesta las preguntas según lo que dice la mujer de negocios. (*Hint: Answer the questions.*)

1. ¿Dónde estudió la jefa? _____

2. ¿Por qué a ella le gusta su trabajo? _____

_____

3. ¿Cómo prefiere hablar? _____

4. ¿Cómo la ayudan la psicología y la economía? _____

_____

5. Cuando tiene tiempo libre, ¿con quién lo pasa? _____

¡En español! Level 1

VOCABULARIO ⊚⊚⊚⊚⊚⊚⊚⊚⊚⊚⊚⊚⊚⊚⊚⊚⊚⊚⊚⊚⊚⊚⊚⊚⊚

ACTIVIDAD 7 Unas profesiones

Utiliza las frases del banco de palabras para explicar lo que hacen las siguientes personas en su trabajo. *(Hint: Use the words to write what they do.)*

> escribe para el periódico
>
> planea edificios   maneja un taxi   examina a los pacientes
>
> saca fotos

1. Un taxista _____

2. Un arquitecto _____

3. Un periodista _____

4. Una fotógrafa _____

5. Una doctora _____

ACTIVIDAD 8 ¿Qué hacen?

Utiliza las frases del banco de palabras para explicar lo que hacen las siguientes personas en su trabajo. *(Hint: Use the words to write what they do.)*

> contesta el teléfono   ordena las cuentas
>
> recibe a los clientes
>
> escribe novelas   arregla los documentos

1. El escritor _____

2. El operador _____

3. El recepcionista _____

4. La secretaria _____

5. La contadora _____

Nombre _____ Clase _____ Fecha _____

ACTIVIDAD 9 ¿Quién es?

Indica quién hace los siguientes trabajos. (*Hint: Write who does the following jobs.*)

1. Trabaja en una oficina. Hace planes para casas y edificios. _____

2. Trabaja en un hospital o clínica. Ayuda a los pacientes. _____

3. Trabaja en un carro. Lleva a sus clientes al aeropuerto, al hotel o a otros lugares.

   _____

4. Trabaja en una oficina. Hace entrevistas y escribe artículos. _____

ACTIVIDAD 10 Describe, por favor

Explica lo que significan las siguientes frases. (*Hint: Describe what these things are.*)

modelo: una calle ancha

Una calle ancha es una calle donde hay espacio para tres carros o más.

1. un edificio moderno _____

2. una oficina formal _____

3. un restaurante informal _____

4. una casa lujosa _____

5. una calle estrecha _____

ACTIVIDAD 11 El trabajo ideal

Escribe sobre varias profesiones que te interesan y explica por qué te interesan. Explica también lo que hay que estudiar para trabajar en eso, qué tipo de trabajo hacen las personas que trabajan en eso y dónde trabajan. (*Hint: Write about work that interests you.*)

_____

_____

_____

_____

_____

_____

_____

GRAMÁTICA: PRETERITE OF *-er* AND *-ir* VERBS ⊙⊙⊙⊙⊙⊙

ACTIVIDAD 12 Un día ocupado

Escribe la palabra que mejor completa la oración. (*Hint: Complete the paragraph.*)

El sábado pasado Tomás trabajó mucho. En casa, pasó la aspiradora y (barrió/vendió) _____ el suelo. (Movió/Abrió) _____ todos los muebles para limpiar debajo de ellos. (Escribió/Salió) _____ tarde de casa, por eso (corrió/comprendió) _____ para llegar a tiempo al trabajo. En la librería donde trabaja, ayudó a muchísimos clientes. En cinco horas (vendió/vivió) _____ cincuenta libros—dos veces lo que vende en un día normal.

ACTIVIDAD 13 Una entrevista

Completa el párrafo con la forma correcta del verbo apropiado. (*Hint: Conjugate the correct verb.*)

Ayer hablé con un arquitecto y (aprender/compartir) _____ mucho de él. Él (vender/vivir) _____ tres años en Nueva York, donde (escribir/recibir) _____ su entrenamiento profesional. Allí (compartir/correr) _____ un apartamento pequeño con cuatro compañeros. Durante ese tiempo (comprender/beber) _____ muchos de los problemas de las familias urbanas, y (decidir/comprender) _____ diseñar casas y apartamentos para ellos. Yo ya (volver/escribir) _____ toda la entrevista, pero ¿sabes qué? ¡(Perder/Entender) _____ mi cuaderno! ¡Qué desastre!

ACTIVIDAD 14 Un día terrible

Completa el párrafo con las formas correctas de estos verbos. (*Hint: Complete the paragraph.*)

aprender	abrir	volver	devolver	salir	perder

Ayer fue un día problemático. _____ tarde de casa, llegué tarde a la parada de autobús, y por eso _____ el bus. Luego _____ a casa para pedirles a mis padres llevarme a la escuela. Pero ellos no me ayudaron. Papá me dijo: «¿No _____ que tienes que salir temprano? Vete caminando.»

Nombre _____ Clase _____ Fecha _____

GRAMÁTICA: PRETERITE OF –er AND –ir VERBS

ACTIVIDAD 15 Una tarde en casa

Utiliza unas palabras de cada caja para describir lo que pasó ayer. (*Hint: Write complete sentences with words from each box.*)

yo	ver	la carta	la televisión
tú	comer	el suelo	el poema
mis hermanos	beber	el libro	la llave
mi abuela	barrer	la tarea	el refresco
mis padres	perder	fruta	

modelo: Mis hermanos vieron la televisión en la sala.

1. _____

2. _____

3. _____

4. _____

ACTIVIDAD 16 ¿Qué pasó recientemente?

Contesta las siguientes preguntas. (*Hint: Answer the questions.*)

1. ¿Qué aprendiste esta semana? _____

2. ¿Alguien salió temprano de la clase hoy? ¿Quién fue y por qué salió temprano?

   _____

3. La semana pasada, ¿qué compartiste con tu familia o con tus amigos?

   _____

4. ¿Qué comiste y bebiste ayer? _____

ACTIVIDAD 17 El sábado pasado

Escribe un párrafo breve sobre lo que pasó el sábado pasado. ¿Qué hiciste tú, tu familia y tus amigos? (*Hint: Write about what you did last Saturday.*)

_____

_____

_____

¡En español! Level 1

GRAMÁTICA: VERBS WITH A *y* SPELLING CHANGE 〜〜〜〜

ACTIVIDAD 18 Una carta importante

Escribe las palabras que mejor completan el párrafo. (*Hint: Complete the paragraph.*)

Ayer mi familia (recibí/recibió) _____ una carta importante. Mi abuela la

(abrió/abrieron) _____ y ella la (leímos/leyó) _____ primero.

Luego mis padres también (leí/leyeron) _____ la carta. Mis hermanos y yo

los (oímos/oyeron) _____ hablar unos minutos en la cocina. Por fin, ellos

(compartimos/compartieron) _____ con nosotros las buenas noticias.

ACTIVIDAD 19 Una noticia

Explica cómo fueron diferentes las experiencias de estas personas cuando recibieron

noticia de un suceso importante. (*Hint: Say how each person's experience was different.*)

modelo: Yo lo vi en la plaza. (oficina, parque)
Pedro <u>Pedro lo vio en la oficina.</u>
Yolanda <u>Yolanda lo vio en el parque.</u>

1. Yo lo oí en una fiesta. (radio, televisión)

Paula _____

Yoli y sus hermanos _____

2. Yo lo leí en una carta. (revista, periódico)

Juan y Pablo _____

tú _____

3. Yo no lo creí al principio. (ayer/anteayer)

nuestros primos _____

Irma _____

GRAMÁTICA: PRETERITE OF *hacer, ir, ser*

20 Un viaje

Escribe la palabra que mejor completa la oración. *(Hint: Complete the paragraph.)*

Ayer yo (fui/fue) _____ a visitar a mis amigos en la ciudad. Nosotros

(fuimos/fueron) _____ al mercado. Allí (hicimos/hicieron)

_____ cosas interesantes. Vimos artesanía y comimos platos regionales. Mis

amigos me (hicimos/hicieron) _____ caminar por toda la ciudad. Yo

(hice/hizo) _____ un tour de la catedral y me gustó mucho. ¡Qué divertido

(fui/fue) _____ la excursión!

21 Todo cambia

Completa las oraciones a continuación con las formas correctas de **ser**, **ir** y **hacer** en el pretérito. *(Hint: Complete the paragraph with the preterite of **ser**, **ir**, and **hacer**.)*

Antes de empezar a escribir novelas, mi abuelo _____ periodista. El

abuelo _____ entrevistas con presidentes, actores y delincuentes. Como

novelista, mi abuelo lleva una vida muy diferente. Ayer _____ a la

biblioteca a buscar datos, y allí _____ notas para la novela que está

escribiendo ahora. Él dice que el día no _____ aburrido.

22 ¿Qué hiciste?

Contesta las preguntas a continuación. *(Hint: Answer the questions.)*

1. El año pasado, ¿hiciste algún viaje? ¿Adónde fuiste? ¿Cómo fue el viaje? Cuéntalo.

_____

_____

_____

2. La semana pasada, ¿hiciste algo fuera de tu rutina normal? ¿Fuiste a algún lugar interesante? ¿Fuiste a la escuela todos los días? Cuéntalo.

_____

_____

_____

ESCUCHAR 〰〰〰〰〰〰〰〰〰〰〰〰〰〰〰〰〰

1 El caballo

Escucha lo que dice el muchacho sobre los caballos. Después, marca la **C** si la oración es cierta o la **F** si la oración es falsa. *(Hint: Say what is true.)*

1. _____ El caballo es un animal fuerte y elegante.

2. _____ El caballo es importante en la historia de las Américas.

3. _____ Con el caballo, la vida llegó a ser más difícil para la gente.

4. _____ Los vikingos trajeron el caballo a América.

5. _____ El caballo lo cambió todo cuando llegó a este continente.

2 En la granja

Subraya los quehaceres que la chica menciona que ella misma hace. *(Hint: Say what she says she does.)*

1. ayuda a preparar el desayuno

2. cuida las gallinas

3. les da de comer a los gatos y los perros

4. cuida las vacas y los caballos

3 Quisiera vivir en la ciudad

Llena los espacios para completar el párrafo que escuchas. *(Hint: Complete the paragraph.)*

Vivo en una granja en el campo, pero no me gusta. Vengo de una familia de ganaderos, pero yo no quiero ser _____. A mí me gustaría vivir en la ciudad porque hay mucho que hacer. En la granja estamos lejos de todo. Estamos lejos de la escuela, de los _____ y de la _____. Mi familia dice que en la ciudad hay mucho _____ y mucho estrés, pero para mí, eso no es muy importante. Cuando hablo con los amigos que viven en la ciudad, ellos no dicen que tienen estrés. Hablan del teatro, los _____ y los partidos de fútbol. Pueden hacerlo todo. Lo único que yo tengo y que ellos no tienen es un _____.

ACTIVIDAD 4 Somos ganaderos

¿Quién hace estos quehaceres, Odilia o Andrés? *(Hint: Who does each thing?)*

_____ **1.** Ayuda a su papá y su abuelo en los campos.

_____ **2.** Les da de comer a las gallinas y recoge los huevos.

_____ **3.** Trabaja en la huerta.

_____ **4.** Cuida las alpacas y las llamas.

_____ **5.** Cuida los caballos y las vacas.

ACTIVIDAD 5 Me gusta visitar a los abuelos

Contesta las siguientes preguntas. *(Hint: Answer the questions.)*

1. ¿Dónde vive la chica? _____

2. ¿Le gusta vivir allí? ¿Por qué? _____

_____

3. ¿Qué le gusta hacer en casa de sus abuelos? _____

4. ¿Qué hace su abuelo? _____

¡En español! Level 1

VOCABULARIO ⊙⊙⊙⊙⊙⊙⊙⊙⊙⊙⊙⊙⊙⊙⊙⊙⊙⊙⊙⊙⊙⊙⊙

ACTIVIDAD 6 En el campo

Escoge la palabra que mejor completa la oración. *(Hint: Choose the right word.)*

1. La señora hace sacos en su (taller/cerca).

2. (Los sacos/Las vacas) viven en la granja.

3. Bárbara hace (tijeras/bufandas) de muchos colores.

4. (El perro/El gato) ayuda al ganadero con las vacas.

5. Los cerdos viven en (el corral/la cocina).

6. Los artesanos pueden vender sus productos en el taller o el (mercado/campo).

ACTIVIDAD 7 Los animales de la granja

Utiliza estas palabras para decir para qué sirve cada animal. *(Hint: What does each animal do?)*

dan lana

comen los ratones

dan leche

ponen huevos

trabajan con el ganadero

1. Las llamas _____.

2. Las vacas _____.

3. Las gallinas _____.

4. Los perros _____.

ACTIVIDAD 8 Bárbara

Contesta las siguientes preguntas. *(Hint: Answer the questions.)*

1. ¿Bárbara trabaja en la ciudad? _____

2. ¿Bárbara es artesana? _____

3. ¿Bárbara trabaja en el taller o el banco? _____

4. ¿Bárbara hace artículos de ropa o de cerámica? _____

5. ¿Qué cosas hace Bárbara? _____

ACTIVIDAD 9 El tío Julio

Contesta las siguientes preguntas. *(Hint: Answer the questions.)*

1. ¿El tío Julio es arquitecto? _____

2. ¿El tío Julio trabaja en el mercado? _____

3. ¿El tío Julio vive en el campo o en la ciudad? _____

4. ¿El tío Julio es ganadero o artesano? _____

5. ¿Qué animales hay en la granja del tío Julio? _____
_____

6. ¿Qué tiene que hacer el tío Julio en la granja? _____

ACTIVIDAD 10 ¿Qué piensas del campo?

Escribe tres ventajas y tres desventajas de la vida en el campo. *(Hint: Write three advantages and three disadvantages of country life.)*

_____
_____
_____
_____
_____
_____
_____

ACTIVIDAD 11 Tú haces la entrevista

Escribe dos o tres preguntas que te gustaría hacer a Bárbara, el tío Julio, Miguel y Patricia. *(Hint: Write two or three questions for them.)*

_____
_____
_____
_____
_____
_____

GRAMÁTICA: SAYING WHERE THINGS ARE LOCATED ⟲⟲⟲⟲

ACTIVIDAD 12 En el campo

A base del dibujo, completa las siguientes oraciones. *(Hint: Where are the animals?)*

1. Los cerdos están (dentro/fuera) del corral.

2. Las vacas están (cerca/lejos) de los caballos.

3. Los caballos están (debajo/encima) del árbol.

4. El gato está (detrás/delante) del gallo.

5. El ganadero está (al lado del/entre el) corral.

6. El perro está (detrás/arriba) del ganadero.

ACTIVIDAD 13 ¿Dónde están los animales?

A base del dibujo, describe dónde está cada uno de los siguientes animales.
(Hint: Look at the drawing and then write where the animals are.)

1. las gallinas _____

2. el perro _____

3. el gallo _____

4. el gato _____

5. las vacas _____

6. los caballos _____

7. los cerdos _____

GRAMÁTICA: USING DEMONSTRATIVES 〰〰〰〰〰〰〰〰〰

ACTIVIDAD 14 ¿Te gustan los animales?

Subraya la palabra que mejor completa la oración. *(Hint: Underline the correct word.)*

1. A Miguel le gustan (aquellas/aquellos/aquel) caballos porque son fuertes y bonitos.

2. Al ganadero no le gustan mucho (estos/este/esto) cerdos porque son pequeños.

3. Los cerdos grandes están en (aquellos/aquel/aquella) corral si quieres verlos.

4. Me gusta (esa/esos/ese) perro; es más obediente que los otros.

ACTIVIDAD 15 ¿Qué hay en las mesas?

Completa las siguientes oraciones a base del dibujo. *(Hint: What do you see?)*

> **modelo:** <u>Este</u> perro está debajo de la mesa pequeña, pero <u>aquél</u> está al lado de la mesa grande.

1. _____ gato está encima de la mesa, pero _____ gato está debajo de la mesa.

2. _____ mesa es pequeña, _____ mesa es grande, y _____ mesa es muy grande.

3. _____ perro es activo, pero _____ es perezoso.

4. El gato blanco duerme debajo de _____ mesa.

¡En español! Level 1

GRAMÁTICA: ORDINAL NUMBERS

ACTIVIDAD 16 Muchas actividades

Subraya las palabras que mejor completan el párrafo. *(Hint: Underline the words that best complete the paragraph.)*

Si pienso en cuántas cosas hago en un día típico, es increíble. Probablemente hago diez cosas o más antes de llegar a la escuela en la mañana. A ver, (primer/primero), me despierto. (Segunda/Segundo), me levanto. La (tercer/tercera) acción es bañarme. (Cuarto/Cuarta), me seco. Me pongo la ropa (quinto/quinta) y la (sexto/sexta) cosa que hago es desayunar. (Séptimo/Séptima), me lavo los dientes. Pongo las cosas en la mochila (octavo/octava), y (noveno/novena), me despido de mi familia. La (décimo/décima) cosa que hago es salir para esperar el autobús. ¡Qué ocupado estoy!

ACTIVIDAD 17 ¿Quién es?

Identifica a las personas. *(Hint: Who is it?)*

1. la primera persona _____

2. la primera chica _____

3. el segundo chico _____

4. la segunda señora _____

5. la sexta persona _____

GRAMÁTICA: IRREGULAR PRETERITE VERBS

ACTIVIDAD 18 En el mercado

Subraya la palabra que mejor completa cada oración. (*Hint: Underline the correct word in each sentence.*)

El fin de semana pasado, Patricia y yo (fue/fuimos) al mercado de Otavalo. Allí nosotras (vimos/vieron) muchas cosas interesantes, como siempre. Los comerciantes nos (dijimos/dijeron): «Señoritas, ustedes (vino/vinieron) en buena hora porque hoy en la plaza hay una exhibición especial de artesanía regional.» Qué suerte (tuve/tuvimos), ¿no? Uno de los artesanos me (dio/di) una pequeña figura de barro.

ACTIVIDAD 19 ¿Y tú?

Contesta las siguientes preguntas. (*Hint: Answer the questions.*)

1. ¿Dónde estuviste el sábado pasado? ¿Qué hiciste allí?

   _____

2. ¿Tuviste tiempo de hacer toda la tarea la semana pasada?

   _____

3. En la última clase de español, ¿qué dijo tu profesor o profesora?

   _____

4. ¿Qué viste en la televisión anoche? ¿Te gustó el programa?

   _____

5. Para tu cumpleaños más reciente, ¿alguien te dio un buen regalo? ¿Qué fue?

   _____

6. ¿Hiciste un viaje el verano pasado? ¿Adónde fuiste?

   _____

7. ¿Qué hiciste anoche?

   _____

ESCUCHAR ⟨ⓒⓒⓒⓒⓒⓒⓒⓒⓒⓒⓒⓒⓒⓒⓒⓒⓒⓒⓒⓒ⟩

Tape 18 · SIDE **B**
CD 18 · TRACKS **8–13**

1 Una mañana normal y corriente

Escucha lo que dice el muchacho y pon las actividades en orden. *(Hint: In what order?)*

_____ Va al trabajo.

_____ Se levanta.

_____ Se baña.

_____ Desayuna.

_____ Hace ejercicio.

_____ Se despierta.

2 Un viaje a Oaxaca

Di a quién le gusta hacer cada una de las siguientes actividades: la chica, su hermana, su hermano, su mamá y/o su papá. *(Hint: Who likes it?)*

1. ver la cerámica negra _____

2. dormir en el hotel y leer _____

3. tomar un refresco en un café _____

4. visitar Monte Albán _____

5. ir a los museos _____

3 En el restaurante

Contesta las siguientes preguntas. *(Hint: Answer the questions.)*

1. ¿Qué va a pedir Federico (el chico)? _____

_____

2. ¿Qué piensa Federico de la comida mexicana? _____

3. ¿Qué va a pedir la mamá? _____

4. ¿Por qué no tiene mucha hambre la mamá? _____

5. ¿Qué va a pedir el papá? _____

Unidad 6
Etapa 3

CUADERNO
Más práctica

ACTIVIDAD 4 Una tarde en casa

Contesta las siguientes preguntas. *(Hint: Answer the questions.)*

1. ¿Quién viene de visita hoy? _____

2. ¿Quién puede limpiar la sala? _____

3. ¿Quién puede limpiar el baño? _____

4. ¿Quién puede hacer las camas? _____

5. ¿Quién tiene que limpiar la cocina? _____

ACTIVIDAD 5 Vamos al parque

Contesta las siguientes preguntas. *(Hint: Answer the questions.)*

1. ¿Cuáles son los deportes que el chico quiere practicar? _____

_____

2. Si no pueden jugar al baloncesto o al voleibol, ¿a qué van a querer jugar Jacinto y Diego? _____

3. ¿Qué deporte le gusta a Magda? _____

4. ¿Quién prefiere patinar? _____

5. ¿Qué deporte prefieren Jacinto y Diego? _____

ACTIVIDAD 6 Me gustaron las clases

Haz una lista con tres clases que a la narradora le gustaron. ¿Qué opina ella de la clase de ciencias naturales? *(Hint: Say what she liked.)*

_____

_____

_____

_____

_____

_____

_____

_____

VOCABULARIO ⦿⦿⦿⦿⦿⦿⦿⦿⦿⦿⦿⦿⦿⦿⦿⦿⦿⦿⦿⦿⦿

ACTIVIDAD 7 De compras

Miguel tiene que comprar muchas cosas. ¿Dónde las debe comprar? *(Hint: Where should he buy the following items?)*

> mercado   papelería   librería
>
> tienda de videos   tienda de música   panadería   tienda de deportes   joyería

1. un collar de plata _____

2. unos platos de cerámica _____

3. una pelota y un guante _____

4. unos videojuegos _____

ACTIVIDAD 8 ¿Qué hacen?

¿Qué hacen en su trabajo? Subraya la palabra que mejor completa la oración. *(Hint: What do they do?)*

1. La doctora trabaja en el (mercado/hospital).

2. El policía lleva (uniforme/traje de baño).

3. El arquitecto (diseña edificios/prepara comida).

4. El ganadero trabaja con (caballos y vacas/plata y oro).

ACTIVIDAD 9 ¡No cuadra!

¿Cuál de las palabras no cuadra con las demás? ¿Por qué? *(Hint: Which one does not belong? Explain why.)*

1. sándwich, torta, revista, salchicha

_____

2. jabón, olla, champú, pasta de dientes

_____

3. suéter, calcetines, abrigo, tenedor

_____

4. agua, sala, café, refresco

_____

ACTIVIDAD 10 Los deportes

¿Qué son dos cosas que necesitas para cada uno de los siguientes deportes o actividades? *(Hint: List two things you need in order to play.)*

1. patinar en el parque _____

2. nadar _____

3. el béisbol _____

4. el fútbol americano _____

5. el tenis _____

ACTIVIDAD 11 ¿Qué hacemos?

¿Qué hace la gente en estos lugares? *(Hint: What is done here?)*

1. el mercado _____

2. la plaza _____

3. la playa _____

4. el gimnasio _____

5. el café _____

ACTIVIDAD 12 ¿Qué te gusta hacer?

¿Qué te gusta hacer? Escribe lo que te gusta hacer bajo las siguientes circunstancias. Menciona también algunas cosas que usas para hacerlo. *(Hint: Say what you like to do and what you use.)*

1. en el parque con los amigos _____

_____

2. con la familia, el sábado por la tarde _____

_____

3. cuando estudias en casa _____

_____

4. cuando tienes tiempo libre y estás solo(a) _____

_____

5. cuando vas al centro comercial _____

_____

Unidad 6
Etapa 3

CUADERNO
Más práctica

GRAMÁTICA: REVIEW: PRESENT PROGRESSIVE; *ir a +* INFINITIVE

ACTIVIDAD 13 ¿Qué hace después?

Empareja las personas con las actividades que van a hacer después de lo que están haciendo ahora. *(Hint: Match each person with his or her next activity.)*

_____ **1.** Ahora María se está bañando.

_____ **2.** Fernando está quitando la mesa.

_____ **3.** Ahora Ricardo está leyendo la lección de matemáticas.

_____ **4.** Los niños están acostándose.

_____ **5.** Mamá y papá están preparando la cena.

_____ **6.** Mona se está poniendo el uniforme.

a. Después la familia va a comer.

b. Después va a secarse.

c. Entonces va a jugar al voleibol.

d. Se van a dormir.

e. Después va a lavar los platos.

f. Entonces va a hacer la tarea de matemáticas.

ACTIVIDAD 14 ¡Ahora mismo!

Cada cosa que te pide hacer tu madre o padre, dile que ya lo vas a hacer. *(Hint: Say you will do it.)*

> **modelo:** ¿Estás limpiando tu cuarto? <u>No, pero lo voy a limpiar. o: No, pero voy a limpiarlo.</u>

1. ¿Estás lavando los platos?_____

2. ¿Estás pasando la aspiradora? _____

3. ¿Estás limpiando el baño? _____

4. ¿Te estás bañando? _____

5. Tú y tus hermanos, ¿están haciendo la tarea? _____

_____

6. ¿Están limpiando las ventanas? _____

Unidad 6
Etapa 3

CUADERNO
Más práctica

GRAMÁTICA: REVIEW: AFFIRMATIVE *tú* COMMANDS ㅁㅇㅇ

ACTIVIDAD 15 ¿Qué les recomiendas?

Subraya el mandato apropiado. *(Hint: Choose the appropriate command.)*

1. Tengo sed. (Bebe agua./Come una torta.)

2. No entiendo la lección. (Escribe una carta./Pregúntale a la profesora.)

3. Tengo un examen mañana. (Estudia esta noche./Lee una revista.)

4. Quiero aprender a tocar la guitarra. (Compra un disco compacto./Practica mucho.)

5. Tengo que comprar un regalo de cumpleaños. (Limpia tu cuarto./Ve al mercado.)

6. Tengo sueño. (Acuéstate./Corre en el parque.)

ACTIVIDAD 16 El primer día de clases

Hoy es el primer día de clases para tu hermanita Julieta. Dale algunos consejos.
(Hint: Tell her what to do.)

   modelo: llegar / temprano <u>Llega temprano.</u>

1. escuchar / bien / maestro _____

2. poner / libros / mochila _____

3. ser / simpática / otros estudiantes _____

4. almorzar / cafetería _____

5. hacer / tarea / esta noche _____

ACTIVIDAD 17 Consejos

Manda a la gente bajo las siguientes circunstancias. *(Hint: Tell them what to do.)*

1. Tu amigo saca malas notas pero quiere ser buen estudiante.

_____

2. Tu hermano menor quiere hacer nuevos amigos en la escuela.

_____

3. Tu amiga necesita dinero porque quiere comprar una cámara nueva.

_____

4. Otro estudiante no entiende nada en la clase de ciencias naturales.

_____

Unidad 6
Etapa 3

CUADERNO
Más práctica

GRAMÁTICA: REVIEW: REGULAR PRETERITE

ACTIVIDAD 18 Una visita

Utiliza las siguientes palabras para completar el párrafo. *(Hint: Complete the paragraph with the following words.)*

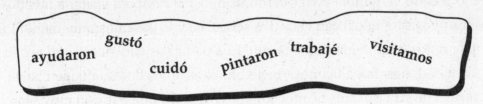

ayudaron   gustó   cuido   pintaron   trabajé   visitamos

La semana pasada mis hermanos, mis primos y yo _____ a nuestros abuelos. Ellos son ganaderos y viven en el campo. También tienen una tienda. Durante la semana, yo _____ con la abuela en la tienda. Los primos _____ al abuelo en los campos. Mi hermana _____ los animales y mis hermanos _____ la casa. A todos nosotros nos _____ pasar la semana trabajando juntos.

ACTIVIDAD 19 Ayer en la clase

Utiliza la forma correcta del verbo apropiado para completar los párrafos. *(Hint: Complete the paragraphs.)*

comer   escribir   empezar   aprender   salir
leer   abrir   oír   entender

Ayer en la clase de inglés, el profesor nos _____ un artículo de un periódico norteamericano. Nosotros sólo lo _____ una vez y yo no lo _____ muy bien, pero lo escuchamos y lo _____ en el cuaderno. ¡Qué difícil! Después el profesor _____ mi cuaderno, miró el trabajo y dijo: «¡Ramón! ¿No _____ nada este semestre? ¡Tienes que estudiar más!»

¡Qué horror! Cuando la clase terminó, nosotros _____ al patio a descansar. Yo _____ un sándwich y _____ a estudiar.

GRAMÁTICA: REVIEW: IRREGULAR PRETERITE

ACTIVIDAD 20 Unas visitas con la familia

Subraya las palabras que mejor completan el párrafo. *(Hint: Complete the paragraph.)*

El verano pasado mi familia y yo (fueron/fuimos) al campo a visitar a mis tíos. Nosotros (estuve/estuvimos) con ellos dos semanas, y lo pasamos muy bien. El mes pasado, los primos (vino/vinieron) a la ciudad a pasar sus vacaciones con nosotros. Aquí en la ciudad, nosotros (hicimos/ hicieron) cosas que ellos no pueden hacer en el campo. Al final de su visita, los primos (dijimos/dijeron) que pasaron muy bien las vacaciones.

ACTIVIDAD 21 Ya lo hicimos

Explica que las personas ya hicieron lo mencionado. *(Hint: Say that they already did it.)*

> **modelo:** ¿Fernando va a hacer la tarea? Ya la hizo.

1. ¿Patricia y Miguel van a ir al campo? _____

2. ¿Vas a darme un regalo? _____

3. ¿Juana va a tener una lección hoy? _____

4. ¿Vienen Samuel y Carmelita a casa esta tarde? _____

ACTIVIDAD 22 ¿Qué pasó?

Contesta las siguientes preguntas relacionadas con lo que pasó este año. *(Hint: Say what happened this year.)*

> **modelo:** ¿Alguien te dijo algo interesante? ¿Qué te dijo?
> Sí, mis padres me dijeron que vamos a ir a vivir en otro estado.

1. ¿Alguien te dio un regalo interesante? ¿Qué fue?

_____

2. ¿Alguien te dijo algo importante? ¿Qué te dijo?

_____

3. ¿Alguien te hizo algo amable? ¿Qué te hizo?

_____

4. ¿Alguien te vino a visitar? ¿De dónde vino?

_____

Unidad 6
Etapa 3

CUADERNO
Más práctica

GREETINGS

Greeting People

Buenos días.	Good morning.
Buenas tardes.	Good afternoon.
Buenas noches.	Good evening.
Hola.	Hello.

Responding

El gusto es mío.	The pleasure is mine.
Encantado(a).	Delighted/Pleased to meet you.
Es un placer.	It's a pleasure.
Igualmente.	Same here.
Mucho gusto.	Nice to meet you.

Saying Good-bye

Adiós.	Good-bye.
Hasta luego.	See you later.
Hasta mañana.	See you tomorrow.
Nos vemos.	See you later.

INTRODUCING YOURSELF

el apellido	last name, surname
¿Como te llamas?	What is your name?
¿Cómo se llama?	What is his/her name?
Me llamo...	My name is...
Se llama...	His/Her name is...
el nombre	name, first name

SAYING WHERE YOU ARE FROM

¿De dónde eres?	Where are you from?
¿De dónde es?	Where is he/she from?
Soy de...	I am from...
Es de...	He/She is from...

EXCHANGING PHONE NUMBERS

¿Cuál es tu teléfono?	What is your phone number?

Numbers from Zero to Ten

cero	zero
uno	one
dos	two
tres	three
cuatro	four
cinco	five
seis	six
siete	seven
ocho	eight
nueve	nine
diez	ten

(Continued on Card 2)

SAYING WHICH DAY IT IS

¿Qué día es hoy?	What day is today?
Hoy es...	Today is...
Mañana es...	Tomorrow is...
el día	day
hoy	today
mañana	tomorrow
la semana	week

Days of the Week

lunes	Monday
martes	Tuesday
miércoles	Wednesday
jueves	Thursday
viernes	Friday
sábado	Saturday
domingo	Sunday

OTHER WORDS AND PHRASES

no	no
sí	yes

Skills

escribir	to write
escuchar	to listen
hablar	to talk
leer	to read

SPANISH IS THE OFFICIAL LANGUAGE OF THESE COUNTRIES:

Argentina	Argentina
Bolivia	Bolivia
Chile	Chile
Colombia	Colombia
Costa Rica	Costa Rica
Cuba	Cuba
Ecuador	Ecuador
El Salvador	El Salvador
España	Spain
Guatemala	Guatemala
Guinea Ecuatorial	Equatorial Guinea
Honduras	Honduras
México	Mexico
Nicaragua	Nicaragua
Panamá	Panama
Paraguay	Paraguay
Perú	Peru
Puerto Rico	Puerto Rico
República Dominicana	Dominican Republic
Uruguay	Uruguay
Venezuela	Venezuela

¡En español! 1 UNIDAD 1 ETAPA 1

SAYING WHERE PEOPLE ARE FROM
- ¿De dónde + ser...? — Where is ... from?
- ser de... — to be from ...

People
- el (la) amigo(a) — friend
- el chico, la chica — boy, girl
- la familia — family
- el hombre, la mujer — man, woman
- la muchacha — girl
- el muchacho — boy
- el señor, la señora, la señorita — Mr., Mrs., Miss

Professions
- el (la) doctor(a) — doctor
- el (la) estudiante — student
- el (la) maestro(a) — teacher
- el policía — police officer

Subject Pronouns
- yo — I
- tú — you (familiar singular)
- él, ella, usted — he, she, you (formal singular)
- nosotros(as) — we
- vosotros(as) — you (familiar plural)
- ustedes — you (plural)
- ellos(as) — they

Places
- la comunidad — community
- el mundo — world
- el país — country

GREETING OTHERS
- ¿Cómo está usted? — How are you? (formal)
- ¿Cómo estás? — How are you? (familiar)
- ¿Qué tal? — How is it going?
- Estoy... — I am ...
- (No muy) Bien, ¿y tú/usted? — (Not very) Well, and you? (familiar/formal)
- Regular. — So-so.
- Terrible. — Terrible/Awful.
- Gracias. — Thank you.
- De nada. — You're welcome.

INTRODUCING OTHERS
- Te/le presento a... — Let me introduce you to ... (familiar/formal)

SAYING WHERE YOU LIVE
- Vivo en... — I live in ...
- Vive en... — He/She lives in ...
- la casa, el apartamento — house, apartment

EXPRESSING LIKES
- ¿Te gusta...? — Do you like ...?
- ¿Le gusta...? — Does he/she like ...?
- Me gusta... — I like ...
- Te gusta... — You like ...
- Le gusta... — He/She likes ...

Activities
- bailar — to dance
- cantar — to sing
- comer — to eat
- correr — to run
- escribir — to write
- leer — to read
- nadar — to swim
- patinar — to skate
- trabajar — to work

OTHER WORDS AND PHRASES
- bienvenido — welcome
- el concurso — contest
- el lugar — place
- mucho/5(a/s) — much, many
- no — not
- pero — but
- también — also, too
- y — and

¡En español! 1 UNIDAD 1 ETAPA 2

DESCRIBING OTHERS
Appearance
- ¿Cómo es? — What is he/she like?
- alto(a), bajo(a) — tall, short (height)
- bonito(a), feo(a), guapo(a) — pretty, ugly, good-looking
- corto(a), largo(a) — short (length), long
- delgado(a), gordo(a) — thin, fat
- fuerte — strong
- grande — big, large; great
- moreno(a), pelirrojo(a), rubio(a) — dark hair and skin, redhead, blond
- pequeño(a) — small

Features
- Tiene... — He/She has ...
- los ojos (verdes, azules) — (green, blue) eyes
- el pelo (rubio, castaño) — (blond, brown) hair

Personality
- aburrido(a) — boring
- bueno(a) — good
- cómico(a) — funny, comical
- divertido(a) — enjoyable, fun
- inteligente — intelligent
- interesante — interesting
- malo(a) — bad
- paciente — patient
- perezoso(a) — lazy
- serio(a) — serious
- simpático(a) — nice
- trabajador(a) — hard-working

DESCRIBING CLOTHING
What one is wearing
- ¿De qué color...? — What color ...?
- Llevo./Lleva... — I wear .../He/She wears ...
- ¿Qué lleva? — What is he/she wearing?

Clothing
- la blusa — blouse
- el calcetín — sock
- la camisa — shirt
- la camiseta — T-shirt
- la chaqueta — jacket
- la falda — skirt
- los jeans — jeans
- los pantalones — pants
- la ropa — clothing
- el sombrero — hat
- el suéter — sweater
- el vestido — dress
- el zapato — shoe

Colors
- amarillo(a) — yellow
- anaranjado(a) — orange
- azul — blue
- blanco(a) — white
- marrón — brown
- morado(a) — purple
- negro(a) — black
- rojo(a) — red
- rosado(a) — pink
- verde — green

OTHER WORDS AND PHRASES
- la bolsa — bag
- el (la) gato(a) — cat
- el (la) perro(a) — dog
- nuevo(a) — new
- otro(a) — other, another
- pues — well
- ¡No digas eso! — Don't say that!
- ¡Qué divertido! — How (fun)!
- Es verdad. — It's true.

¡En español! 1 UNIDAD 1 ETAPA 3

DESCRIBING FAMILY
Family Members
- la abuela, el abuelo — grandmother, grandfather
- los abuelos — grandparents
- la hermana, el hermano — sister, brother
- los hermanos — brother(s) and sister(s)
- la hija, el hijo — daughter, son
- los hijos — son(s) and daughter(s), children
- la madre, el padre — mother, father
- los padres — parents
- el (la) primo(a) — cousin
- la tía, el tío — aunt, uncle
- los tíos — uncle(s) and aunt(s)

EXPRESSING POSSESSION
- ¿De quién es...? — Whose is ...?
- el/(la)... de... — (someone)'s ...
- Es de. — It's ...
- mi — my
- tu — your (familiar)
- su — your, his, her, its, their
- nuestro(a) — our
- vuestro(a) — your (plural familiar)

Descriptions
- joven — young
- mayor — older
- menor — younger
- viejo(a) — old

ASKING AND TELLING AGES
Asking About Age
- ¿Cuántos años tiene...? — How old is ...?
- Tiene... años. — He/She is ... years old.
- la edad — age

GIVING DATES
Asking the Date
- el año — year
- la fecha — date
- ¿Cuál es la fecha? — What is the date?
- Es el... de... — It's the ... of ...
- el mes — month

Numbers from 11 to 100
- once — 11
- doce — 12
- trece — 13
- catorce — 14
- quince — 15
- dieciséis — 16
- diecisiete — 17
- dieciocho — 18
- diecinueve — 19
- veinte — 20
- treinta — 30
- cuarenta — 40
- cincuenta — 50
- sesenta — 60
- setenta — 70
- ochenta — 80
- noventa — 90
- cien — 100

Months
- enero — January
- febrero — February
- marzo — March
- abril — April
- mayo — May
- junio — June
- julio — July
- agosto — August
- septiembre — September
- octubre — October
- noviembre — November
- diciembre — December

TALKING ABOUT BIRTHDAYS
- el cumpleaños — birthday
- felicidades — congratulations
- feliz — happy

OTHER WORDS AND PHRASES
- ahora — now
- la ciudad — city
- con — with
- dentro — inside
- fuera — outside
- hay — there is, there are
- más — more
- muy — very
- ¡Qué chévere! — How awesome!
- ¿Quién es? — Who is it?
- ¿Quiénes son? — Who are they?
- sólo — only
- tener — to have
- todo(a) — all

¡En español! 1 UNIDAD 1

Familiar and Formal Greetings

Familiar greeting: **¿Cómo estás?**
Use with: a friend, a family member, someone younger

Formal greeting: **¿Cómo está usted?**
Use with: a person you don't know, someone older, someone for whom you want to show respect

Tú is a familiar way to say *you*.
Usted is a formal way to say *you*.

Describing People: Subject Pronouns and the Verb ser

To discuss people, you often use subject pronouns. To describe a person or explain who he/she is, use **ser**.

yo **soy**	nosotros(as) **somos**
tú **eres**	vosotros(as) **sois**
usted **es**	ustedes **son**
él/ella **es**	ellos(as) **son**

Using ser de to Express Origin

To say where a person is from use:

ser + de + place

David **es de** San Antonio.

Using Verbs to Talk About What You Like to Do

To talk about what you like to do, use the phrase:

Me gusta + *infinitive* (the basic form of a verb)

Me gusta correr.
Te gusta correr.
Le gusta correr.
¿Te gusta correr?
¿Le gusta correr?

To say someone doesn't like something, use **no.**
No me gusta correr.

¡En español! 1 UNIDAD 1

Using Definite Articles with Specific Things

All Spanish nouns have masculine or feminine gender.
el chico   la chica

In Spanish, the **definite article** that accompanies a noun will match its gender and number.

Masculine Singular	**el** chico
Masculine Plural	**los** chicos
Feminine Singular	**la** chica
Feminine Plural	**las** chicas

Using Indefinite Articles with Unspecified Things

A noun sometimes appears with an **indefinite article**, which matches the noun's gender and number.

un chico	**una** chica
unos chicos	**unas** chicas

Raúl lleva una camiseta.

Using Adjectives to Describe: Gender

Adjectives describe nouns and match the noun's gender. Adjectives usually follow nouns.

Masculine adjectives often end in **-o**.

Feminine adjectives often end in **-a**.

Most adjectives that end in **-e** match both genders.

Many adjectives that end with a consonant match both genders.

Some add **-a** to become feminine.

Using Adjectives to Describe: Number

Adjectives also match the number of the nouns they describe.
To make an adjective plural, add **-s** if it ends with a vowel, **-es** if it ends with a consonant.

When an adjective describes a group with both genders, use its masculine form.

¡En español! 1 UNIDAD 1

Saying What You Have: The Verb tener

To talk about what you have, use **tener.**

tengo	tenemos
tienes	tenéis
tiene	tienen

Tener is also used to talk about a person's age.

¿Cuántos años tiene Verónica?
Tiene quince años.

Expressing Possession Using de

To refer to the possessor of an item, use **de.**
el hermano **de** papá
los hijos **de** Javier

Expressing Possession: Possessive Adjectives

Possessive adjectives tell who owns a thing or describe a relationship between people or things. Possessive adjectives agree in number with the nouns they describe.

Singular Possessive Adjectives

mi	nuestro(a)
tu	vuestro(a)
su	su
su	su

Plural Possessive Adjectives

mis	nuestros(as)
tus	vuestros(as)
sus	sus
sus	sus

The adjectives **nuestro(a)** and **vuestro(a)** must also agree in gender with the nouns they describe.

nuestro abuelo   nuestros abuelos
nuestra abuela   nuestras abuelas

If you need to emphasize, or clarify the meaning of **su** or **sus**, replace the adjective with: **de +** pronoun or the person's name.

de mi	de nosotros(as)
de ti	de vosotros(as)
de usted, él, ella	de ustedes, ellos(as)

Giving Dates: Day and Month

To give the date, use this phrase:
Es el + *number* + de + *month*
Hoy **es el once de** noviembre.

Exception: the first of the month:
Es el primero de noviembre.

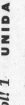

156 Unidad 1
Gramática

¡En español! Level 1

DESCRIBING CLASSES

At School

la clase	class, classroom
la escuela	school
el examen, la prueba	test, quiz
la lección	lesson
la tarea	homework

School Subjects

el arte	art
las ciencias	science
la computación	computer science
la educación física	physical education
el español, el inglés	Spanish, English
la historia	history
la literatura	literature
las matemáticas	mathematics
la música	music

Classroom Activities

enseñar	to teach
escuchar	to listen (to)
estudiar, preparar	to study, to prepare
hablar	to talk
mirar	to watch, to look at
sacar una buena nota	to get a good grade

DESCRIBING CLASS OBJECTS

el borrador	eraser
la calculadora	calculator
el cuaderno	notebook
el diccionario	dictionary
el escritorio	desk
el lápiz, la pluma	pencil, pen
el libro	book
la mochila	backpack
el papel	paper
el pizarrón	chalkboard
la tiza	chalk

At the computer

la computadora	computer
la impresora	printer
la pantalla	screen
el ratón	mouse
el teclado	keyboard

SAYING HOW OFTEN

a veces, de vez en cuando	sometimes, once in a while
mucho	often
nunca	never
poco, rara vez	a little, rarely
siempre, todos los días	always, every day

DISCUSSING OBLIGATIONS

Actions

hay que, tener que	one has to (one must), to have to
ayudar (a)	to help
buscar	to look for, to search
contestar	to answer
entrar (a, en)	to enter
esperar	to wait for, to expect
llegar	to arrive
llevar	to wear, to carry
necesitar	to need
pasar	to happen, to pass, to pass by
usar	to use

OTHER WORDS AND PHRASES

¡Ahora mismo!	Right now!
Con razón.	That's why.
difícil	difficult
fácil	easy
mismo(a)	same
pronto	soon
la razón	reason
tarde	late

TALKING ABOUT SCHEDULES

el almuerzo	lunch
la cita	appointment
el horario	schedule
el receso	break
el semestre	semester

Activities

comprar	to buy
descansar	to rest
estar	to be
terminar	to finish
tomar	to take, to eat or drink
visitar	to visit

ASKING AND TELLING TIME

¿A qué hora es...?	(At) What time is...?
¿Qué hora es?	What time is it?
A la(s)...	At...
Es la.../Son las...	It is... o'clock
de la mañana	in the morning
de la noche	at night
de la tarde	in the afternoon
la medianoche	midnight
el mediodía	noon
menos	to, before
por la mañana	during the morning
por la noche	during the evening
por la tarde	during the afternoon
el reloj	clock, watch
y cuarto	quarter past
y media	half past

ASKING QUESTIONS

adónde	(to) where
cómo	how
cuál(es)	which (ones), what
cuándo	when
dónde	where
por qué	why
qué	what
quién(es)	who

REQUESTING FOOD

¿Quieres beber...?	Do you want to drink...?
¿Quieres comer...?	Do you want to eat...?
Quiero comer...	I want to eat...
Quiero beber...	I want to drink...

Snacks

el agua (fem.)	water
la fruta	fruit
la hamburguesa	hamburger
la merienda	snack
las papas fritas	french fries
el refresco	soft drink
la torta	sandwich
el vaso de	glass of

SAYING WHERE YOU ARE GOING

ir	to go
al	to the

Places

el auditorio	auditorium
la biblioteca	library
la cafetería	cafeteria, coffee shop
el gimnasio	gymnasium
la oficina	office

OTHER WORDS AND PHRASES

durante	during
por favor	please
la verdad	truth

DISCUSSING PLANS

After-school Plans

ir a...	to be going to...
andar en bicicleta	to ride a bike
caminar con el perro	to walk the dog
cenar	to have dinner, supper
comer chicharrones	to eat pork rinds
cuidar (a)	to take care of
el animal	animal
mi hermano(a)	my brother (sister)
el pájaro	bird
el pez	fish
hacer ejercicio	to exercise
ir al supermercado	to go to the supermarket
leer	to read
la novela	novel
el periódico	newspaper
el poema	poem
la poesía	poetry
la revista	magazine
mandar una carta	to send a letter
pasar un rato con los amigos	to spend time with friends
pasear	to go for a walk
pintar	to paint
preparar	to prepare
la cena	supper, dinner
la comida	food, a meal
tocar el piano	to play the piano
tocar la guitarra	to play the guitar
ver la televisión	to watch television

SEQUENCING EVENTS

antes (de)	before
después (de)	after, afterward
entonces	then, so
luego	later
por fin	finally
primero	first

ACTIVITIES

abrir	to open
aprender	to learn
beber	to drink
compartir	to share
comprender	to understand
hacer	to make, to do
oír	to hear
recibir	to receive
tener hambre	to be hungry
tener sed	to be thirsty
vender	to sell
ver	to see
vivir	to live

PEOPLE YOU KNOW

conocer a alguien	to know, to be familiar with someone

Places

el museo	museum
el parque	park
el teatro	theater
la tienda	store

OTHER WORDS AND PHRASES

cada	each, every
el corazón	heart
la gente	people
el problema	problem
la vida	life

Saying What You Do: Present of -ar Verbs

To talk about things you do, use the present tense. To form the present tense of a regular verb that ends in **-ar**, drop the **-ar** and add these endings:

-o, -as, -a, -amos, -áis, -an

yo estudio	nosotros(as) **estudiamos**
tú estudias	vosotros(as) **estudiáis**
usted, él, ella estudia	ustedes, ellos, ellas **estudian**

Expressing Frequency with Adverbs

To talk about how often someone has done something, you use expressions of frequency.

siempre	always
todos los días	every day
mucho	often
a veces	sometimes
de vez en cuando	once in a while
poco	a little
rara vez	rarely
nunca	never

These expressions usually go before the verb:

    siempre   rara vez   nunca

These usually go after the verb:

    mucho   poco

Longer phrases can be placed at the beginning or the end of the sentence.

Expressing Obligation with hay que and tener que

To talk about things someone must do, use these phrases.

Use the impersonal phrase
hay que + *infinitive*
if there is **no specific subject.**

Use a form of **tener**
tener que + *infinitive*
if there is a specific subject.

Saying Where You Are Going: the Verb ir

When you talk about where someone is going, use the verb **ir** (to go).

voy	vamos
vas	vais
va	van

Use **adónde** to mean *where* when there is a verb indicating motion, such as **ir.**

Use **dónde** to ask where someone or something is.

Telling Time

To talk about the current time, use
¿Qué hora es?
Son las + *hour.*
Es la una.

Use **y** + *minutes* for the number of minutes **after** the hour.

Use **menos** + *minutes* for the number of minutes **before** the hour.

To talk about when something will happen, use
¿A qué hora + *verb* + *event?*   ¿A qué hora es la clase?
A las + *hour*   A las dos.
A la + *one o'clock*   A la una.

Describing Location with the Verb estar

To say where people or things are located, use **estar.**

estoy	estamos
estás	estáis
está	están

Asking Questions: Interrogative Words

To create a simple yes/no question, use rising voice intonation or switch the position of the subject and verb.

Here are more interrogative words to add to (**a**)**dónde** and **cuántos(as).**

cómo	how	**por qué**	why
cuál(es)	which, what	**qué**	what
cuándo	when	**quién(es)**	who

Interrogative words have an **accent** on the appropriate vowel. All questions are **preceded** by an **inverted question mark** and **followed** by a **question mark.**

Saying What You Are Going to Do: ir a...

To talk about the future, you say what you are going to do. Use the phrase: **ir + a +** *infinitive*

voy a	vamos a
vas a	vais a
va a	van a

Present Tense of Regular -er and -ir Verbs

Regular verbs that end in **-er** or **-ir** work like **-ar** verbs. Regular **-er** verbs have the same endings as **-ir** verbs except in the **nosotros(as)** and **vosotros(as)** forms. The letter change matches the verb ending: **-er** verbs = emos, éis / **-ir** verbs = imos, ís

comer to eat		**vivir** to live	
como	comemos	vivo	vivimos
comes	coméis	vives	vivís
come	comen	vive	viven

Regular Present Tense Verbs with Irregular yo Forms

These verbs have regular present tense forms except for an irregular **yo** form.

conocer to know, to be familiar with		**hacer** to make, to do	
conozco	conocemos	hago	hacemos
conoces	conocéis	haces	hacéis
conoce	conocen	hace	hacen

When a person is the object of a verb, the personal **a** is used after the verb, except for the verb **tener.**

Using the Verb oír

Like **hacer** and **conocer**, **oír** (to hear) has an irregular **yo** form in the present tense.

Three of its forms require a spelling change where the **i** becomes a **y.** The **nosotros(as)** and **vosotros(as)** forms have accents.

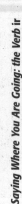

oigo	oímos
oyes	oís
oye	oyen

Oye! is used to get someone's attention, like *Hey!* In English.

ETAPA 1

EXTENDING INVITATIONS

¿Quieres acompañarme a...?	Would you like to come with me to...?
Te invito.	I'll treat you. I invite you.
¿Te gustaría...?	Would you like...?

Accepting

¡Claro que sí!	Of course!
Me gustaría.	I would like...
Sí, me encantaría.	Yes, I would love to.

Declining

Gracias, pero no puedo.	Thanks, but I can't.
Tal vez otro día.	Maybe another day.
¡Qué lástima!	What a shame!

Activities

alquilar un video	to rent a video
el concierto	concert
ir al cine	to go to a movie theater
ir de compras	to go shopping
la película	movie
practicar deportes	to play sports
el tiempo libre	free time

EXPRESSING FEELINGS

alegre	happy
cansado(a)	tired
contento(a)	content, happy, pleased
deprimido(a)	depressed
emocionado(a)	excited
enfermo(a)	sick
enojado(a)	angry
nervioso(a)	nervous
ocupado(a)	busy
preocupado(a)	worried
tranquilo(a)	calm
triste	sad

TALKING ON THE PHONE

contestar	to answer
dejar un mensaje	to leave a message
la guía telefónica	phone book
la llamada	call
llamar	to call
la máquina contestadora	answering machine
marcar	to dial
el teléfono	telephone

Phrases for talking on the phone

Deje un mensaje después del tono.	Leave a message after the tone.
Dile/Dígale que me llame.	Tell him or her to call me.
¿Puedo hablar con...? (familiar/formal)	May I speak with...?
Quiero dejar un mensaje para...	I want to leave a message for...
Regresa más tarde.	He/She will return later.
Un momento.	One moment.

OTHER WORDS AND PHRASES

acabar de...	to have just...

SAYING WHERE YOU ARE COMING FROM

venir	to come
del...	from the

SAYING WHAT JUST HAPPENED

conmigo	with me
contigo	with you
cuando	when, whenever
¡No te preocupes!	Don't worry!
porque	because
solo(a)	alone
temprano	early
ya no	no longer

ETAPA 2

TALKING ABOUT SPORTS

el equipo	team
ganar	to win
el gol	goal
el partido	game
jugar (ue)	to play

Sports

la tienda de deportes	sporting goods store
andar en patineta	to skateboard
el baloncesto	basketball
el béisbol	baseball
esquiar	to ski
el fútbol	soccer
el fútbol americano	football
el hockey	hockey
levantar pesas	to lift weights
el surfing	surfing
el tenis	tennis
el voleibol	volleyball

Equipment

el bate	bat
la bola	ball
el casco	helmet
la gorra	baseball cap
el guante	glove
los patines	skates
la patineta	skateboard
la pelota	baseball
la raqueta	racket

Locations

al aire libre	outdoors
el campo	field
la cancha	court
el estadio	stadium
la piscina	swimming pool
sobre hielo	on ice

EXPRESSING PREFERENCES

preferir (ie)	to prefer
querer (ie)	to want

SAYING WHAT YOU KNOW

saber	to know

MAKING COMPARISONS

más de	more than
más... que	more... than
mayor	older
mejor	better
menor	younger
menos de	less than
menos... que	less... than
peor	worse
tan... como	as... as
tanto como	as much as

OTHER WORDS AND PHRASES

cerrar (ie)	to close
empezar (ie)	to begin
entender (ie)	to understand
favorito(a)	favorite
loco(a)	crazy
merendar (ie)	to have a snack
peligroso(a)	dangerous
pensar (ie)	to think, to plan
perder (ie)	to lose

ETAPA 3

DESCRIBING THE WEATHER

el grado	degree
llover (ue)	to rain
la lluvia	rain
nevar (ie)	to snow
la nieve	snow
el sol	sun
la temperatura	temperature
el tiempo	weather
la tormenta	storm
el viento	wind

¿Qué tiempo hace?	What is the weather like?
Está nublado.	It is cloudy.
Hace...	It is...
buen tiempo	nice outside
calor	hot
fresco	cool
frío	cold
mal tiempo	bad outside
sol	sunny
viento	windy
Hay...	It's...
sol	sunny
viento	windy

The Seasons

las estaciones	seasons
el invierno	winter
el otoño	fall
la primavera	spring
el verano	summer

DISCUSSING CLOTHING AND ACCESSORIES

Clothing

el abrigo	coat
la bufanda	scarf
el gorro	cap
el impermeable	raincoat
los shorts	shorts
el traje de baño	bathing suit

Styles

con rayas	striped
de cuadros	plaid, checked

Accessories

el bronceador	suntan lotion
las gafas de sol	sunglasses
el paraguas	umbrella

STATING AN OPINION

creer	to think, to believe
Creo que sí/no.	I think so./I don't think so.

DESCRIBING HOW YOU FEEL

tener...	to be...
calor	hot
cuidado	careful
frío	cold
miedo	afraid
prisa	in a hurry
razón	right
sueño	sleepy
suerte	lucky
tener ganas de...	to feel like...

Places

sacar fotos	to take pictures
tomar el sol	to sunbathe
el bosque	forest
el desierto	desert
el lago	lake
el mar	sea
la montaña	mountain
la playa	beach
el río	river

Vegetation

el árbol	tree
la flor	flower
la planta	plant

¡En español! 1 UNIDAD 3

Expressing Feelings with estar and Adjectives

Estar is used with adjectives to describe how someone feels at a given moment.

estoy	estamos
estás	estáis
está	están

Remember that adjectives must agree in gender and number with the nouns they describe.

Saying What Just Happened with acabar de

When you want to say what just happened, use the present tense of acabar + de + infinitive

acabo de	acabamos de
acabas de	acabáis de
acaba de	acaban de

Saying Where You Are Coming From with venir

Venir means to come.

vengo	venimos
vienes	venís
viene	vienen

Saying What Someone Likes to Do Using gustar + infinitive

Use these phrases to talk about what more than one person likes to do.

nos gusta correr	we like to run
os gusta correr	you (plural familiar) like to run
les gusta correr	they/you (plural formal) like to run

For emphasis, use

a + name / noun / pronoun

The pronouns that follow a are:

a mí	me gusta	a nosotros	nos gusta
a ti	te gusta	a vosotros	os gusta
a usted,	le gusta	a ustedes,	les gusta
él, ella		ellos(as)	

¡En español! 1 UNIDAD 3

Talking About Playing a Sport: The Verb jugar

Jugar means to play.

juego	jugamos
juegas	jugáis
juega	juegan

When you use jugar with the name of a sport, you must use jugar a + sport

Stem-Changing Verbs: e → ie

In these verbs the e in the stem sometimes changes to ie.

cerrar
empezar
entender
merendar
pensar
perder
preferir
querer

For example:
Pensar means to think or to plan.

pienso	pensamos
piensas	pensáis
piensa	piensan

Saying What You Know: The Verb saber

Saber means to know.

sé	sabemos
sabes	sabéis
sabe	saben

To say that someone knows how to do something, use:
saber + infinitive

Making Comparisons

When comparing two things, use these phrases with adjectives:

(+) más <adjective> que...
(−) menos <adjective> que...
(=) tan <adjective> como...

Use de with numbers.
más de cinco
menos de diez

Use these phrases without adjectives:

(+) más que...
(−) menos que...
(=) tanto como...

Irregular comparative words:
mayor
menor
mejor
peor

¡En español! 1 UNIDAD 3

Describing the Weather

To talk about the weather, use these phrases.

¿Qué tiempo hace?
Hace...
  calor.
  frío.
  sol.
  viento.
  buen tiempo.
  mal tiempo.
  fresco.
Hay...
  sol.
  viento.
Llueve.
Nieva.
Está nublado.

Expressions with tener

When you use tener with some words, special meaning is created.

tener...
  ...años
  calor
  cuidado
  frío
  hambre
  miedo
  prisa
  razón
  sed
  sueño
  suerte
tener ganas de...
  bailar
  cantar

Direct Object Pronouns

The direct object in a sentence receives the action of the verb.

me	nos
te	os
lo	los
la	las

Direct object pronouns are placed before the conjugated verb or attached to an infinitive verb.

Necesito sacar fotos.
Las quiero sacar hoy.
Quiero sacarlas hoy.

Saying What Is Happening: Present Progressive

To say what is happening, use the present progressive. To form this tense, use

present tense of estar + present participle

estoy hablando	estamos hablando
estás hablando	estáis hablando
está hablando	están hablando

Present Participles

habl-ar + -ando → hablando
com-er + -iendo → comiendo
escrib-ir + -iendo → escribiendo

When the stem of an -er or -ir verb ends in a vowel, -iendo becomes -yendo.

le -er + -yendo → leyendo
o -ir + -yendo → oyendo
cre -er + -yendo → creyendo

IDENTIFYING PLACES

el aeropuerto	airport
el banco	bank
el café	café
la carnicería	butcher's shop
el centro	center, downtown
el centro comercial	shopping center
el correo	post office
la estación de autobuses	bus station
la farmacia	pharmacy
el hotel	hotel
la iglesia	church
la joyería	jewelry store
la librería	bookstore
la panadería	bread bakery
la papelería	stationery store
la pastelería	pastry shop
la plaza	town square
la tienda de música y videos	music and video store
la zapatería	shoe store

GIVING ADDRESSES

la avenida, la calle, el camino	avenue, street, road
la dirección	address, direction

CHOOSING TRANSPORTATION

a pie	on foot
el autobús	bus
el avión	airplane
el barco	ship
el carro, el taxi	car, taxi (cab)
el metro	subway
la moto(cicleta)	motorcycle
el tren	train

REQUESTING DIRECTIONS

Perdone(e), ¿cómo llego a...?	Pardon, how do I get to ...?
¿Puedes (Puede usted) decirme dónde queda...?	Could you tell me where ... is?
¿Queda lejos?	Is it far?

Requesting

acá/aquí	here
allá/allí	there

Replying

¡Cómo no!	Of course!
Lo siento.	I'm sorry.
cerca (de)	near (to)
la cuadra	city block
cruzar	to cross
delante (de)	in front (of)
a la derecha (de)	to the right (of)
derecho	straight ahead
desde	from
detrás (de)	behind
doblar	to turn
enfrente (de)	facing
entre	between
la esquina	corner
hasta	until, as far as
a la izquierda (de)	to the left (of)
al lado (de)	beside, next to
lejos (de)	far (from)
quedar (en)	to stay, to be (in a specific place), to agree

OTHER WORDS AND PHRASES

la cosa	thing
decir	to say, to tell
manejar	to drive
el mapa	map
por	for, by, around
salir	to go out, to leave
viajar	to travel
el viaje	trip

MAKING PURCHASES

Jewelry

el anillo	ring
el arete	earring
el collar	necklace
las joyas	jewelry
el oro, la plata	gold, silver
la pulsera	bracelet

Music and Videos

el casete	cassette
el disco compacto	compact disc
el radio	radio
el radiocasete	radio-tape player
el video	video
la videograbadora	VCR
el videojuego	video game

Handicrafts

la artesanía	handicraft
los artículos de cuero	leather goods
la bolsa	handbag
las botas	boots
la cartera	wallet
la cerámica	ceramics
el cinturón	belt
la jarra	pitcher
la olla	pot
el plato	plate

BARGAINING

¿Cuánto cuesta(n)...?	How much is (are) ...?
¡Es muy caro(a)!	It's very expensive!
Le doy... en...	I'll give ... to you for ...
Le puedo ofrecer...	I can offer you...
¿Me deja ver...?	May I see ...?
regatear	to bargain

TALKING ABOUT GIVING GIFTS

dar	to give
el regalo	gift

TALKING ABOUT SHOPPING

barato(a)	cheap, inexpensive
la calidad	quality
cambiar	to change, to exchange
caro(a)	expensive
demasiado(a)	too much
el mercado	market
perfecto(a)	perfect

Money and Payment

el cambio	change, money exchange
el dinero	money
el dólar	dollar
el efectivo, la tarjeta de crédito	cash, credit card
pagar	to pay
el precio	price

OTHER WORDS AND PHRASES

almorzar	to eat lunch
contar	to count, to tell or retell
costar	to cost
devolver	to return (an item)
dormir	to sleep
encontrar	to find, to meet
juntos	together
para	for, in order to
poder	to be able, can
recordar	to remember
volver	to return, to come back

Stem-Changing Verbs: o → ue

ORDERING FOOD

¿Me ayuda a pedir?	Could you help me order?
¿Me trae...?	Could you bring me ...?
el menú	menu
pedir (i)	to ask for, to order
Quisiera...	I would like ...
el (la) mesero(a)	waiter (waitress)
el restaurante	restaurant
servir (i)	to serve
traer	to bring

At the Restaurant

la cuchara	spoon
el cuchillo	knife
la taza	cup
el tenedor	fork

Place Setting

riquísimo(a)	very tasty

EXPRESSING EXTREMES

delicioso(a), rico(a)	delicious, tasty
picante	spicy
vegetariano(a)	vegetarian

REQUESTING THE CHECK

¿Cuánto le doy de propina?	How much do I tip?
La cuenta, por favor.	The check, please.
Es aparte.	Separate checks.
¿Está incluido(a)...?	Is ... included?
la propina	tip

SAYING WHERE YOU WENT

Fui./Fuiste.	I went .../You went ...

TALKING ABOUT FOOD

el arroz	rice
el azúcar	sugar
el bistec, la carne, el pollo	steak, meat, chicken
la enchilada	enchilada
la ensalada	salad
la lechuga	lettuce
el pan	bread
el pan dulce	sweet roll
el queso	cheese
la salsa	salsa
la sopa	soup

Food

Beverages

la bebida	beverage, drink
el café, la limonada, el té	coffee, lemonade, tea

Desserts

el flan	caramel custard dessert
el pastel	cake
el postre	dessert
caliente	hot, warm
dulce	sweet

OTHER WORDS AND PHRASES

algo	something
alguien	someone
alguno(a)	some
desayunar	to have breakfast
el desayuno	breakfast
la lengua	language
listo(a)	ready
nada	nothing
nadie	no one
ninguno(a)	none, not any
poner	to put
poner la mesa	to set the table
el pueblo	town, village
sin	without
tampoco	neither, either
todavía	still, yet

¡En español! Level 1

The Verb decir

Decir means *to say* or *to tell*.

digo	decimos
dices	decís
dice	dicen

Using Prepositional Phrases to Express Location

To talk about where things are, use prepositions such as

detrás (de)	behind
al lado (de)	beside
cerca (de)	near
delante (de)	in front of
a la izquierda (de)	to the left of
a la derecha (de)	to the right of
entre	between
lejos (de)	far

Use **de** when the preposition is followed by a **specific location**.

Regular Affirmative tú Commands

The regular affirmative **tú** command, used with family and friends, is the same as the **él/ella** form of the present tense.

Infinitive	Present	Affirmative tú Command
caminar	(él, ella) camina	**¡Camina!**
comer	(él, ella) come	**¡Come!**
abrir	(él, ella) abre	**¡Abre!**

Attach **direct object pronouns** to the end of the command, and add an accent if needed to retain the original stress.

¡Come la sopa! ¡Cóme**la**!
¡Abre el libro! ¡Ábre**lo**!

Stem-Changing Verbs: o → ue

In these verbs the **o** in the stem sometimes changes to **ue**.

almorzar
contar
costar
devolver
dormir
encontrar
poder
recordar
volver

For example:
Almorzar means *to eat lunch.*

almuerzo	almorzamos
almuerzas	almorzáis
almuerza	almuerzan

Indirect Object Pronouns

Indirect objects are nouns that tell to whom/what or for whom/what.
Indirect object pronouns replace or accompany indirect objects.

me	nos
te	os
le	les

The pronouns **le** and **les** can refer to different indirect objects. To clarify, use:

a + *name, noun, or pronoun*

Rosa **le** compra una olla.
Rosa **le** compra una olla **a su madre**.

Placement of Indirect Object Pronouns

When the pronoun accompanies a conjugated verb, the pronoun comes **before** the verb.
Rosa le quiere comprar una olla a su madre.
When the pronoun accompanies a sentence with an infinitive, it can either go before the conjugated verb, or be attached to the end of the infinitive.
Rosa quiere comprar**le** una olla a su madre.

Using gustar to Talk About Things You Like

When you want to talk about **things** that people like, change the form of **gustar** to match the singular and plural nouns for those things.

Singular

me gusta la idea	nos gusta la idea
te gusta la idea	os gusta la idea
le gusta la idea	les gusta la idea

Plural

me gustan las personas	nos gustan las personas
te gustan las personas	os gustan las personas
le gustan las personas	les gustan las personas

Affirmative and Negative Words

To talk about an indefinite or negative situation, use an affirmative or a negative word.

Affirmative Words

algo
alguien
algún/alguno(a)
siempre
también

Negative Words

nada
nadie
ningún/ninguno(a)
nunca
tampoco

Alguno(a) and **ninguno(a)** match the gender of the noun they replace or modify. Before masculine singular nouns, use:

alguno → **algún**
ninguno → **ningún**

Use a double negative when **no** is before the verb:
No quiere postre **nadie**.
But:
Nadie quiere postre.

Stem-Changing Verbs: e → i

In these verbs the **e** in the stem sometimes changes to **i**.

pedir
servir
repetir
seguir (**yo** form drops **u**)

For example:
pedir *to ask for, to order*

pido	pedimos
pides	pedís
pide	piden

¡En español! 1 UNIDAD 5 ETAPA 1

DESCRIBING DAILY ROUTINE

acostarse (ue)	to go to bed
afeitarse	to shave oneself
bañarse	to take a bath
despertarse (ie)	to wake up
dormirse (ue)	to fall asleep
ducharse	to take a shower
lavarse	to wash oneself
lavarse la cabeza	to wash one's hair
lavarse los dientes	to brush one's teeth
levantarse	to get up
maquillarse	to put on makeup
peinarse	to comb one's hair
ponerse la ropa	to get dressed
secarse	to dry oneself

TALKING ABOUT GROOMING ITEMS

el cepillo (de dientes)	brush (toothbrush)
el champú	shampoo
el espejo	mirror
el jabón	soap
la pasta de dientes	toothpaste
el peine	comb
el secador de pelo	hair dryer
la toalla	towel

Parts of the Body

la boca	mouth
el brazo	arm
la cabeza	head
la cara	face
el cuerpo	body
el diente	tooth
el estómago	stomach
la mano	hand
la nariz	nose
la oreja	ear
el pie	foot
la pierna	leg

DISCUSSING DAILY CHORES

hacer la cama	to make the bed
lavar los platos	to wash the dishes
limpiar el cuarto	to clean the room
limpio(a)	clean
los quehaceres	chores
quitar la mesa	to clear the table
sucio(a)	dirty

OTHER WORDS AND PHRASES

la cama	the bed
el despertador	alarm clock
duro(a)	hard, tough
irse	to leave, to go away
la manta	blanket
ponerse	to put on (clothes)

¡En español! 1 UNIDAD 5 ETAPA 2

PERSUADING OTHERS

cuidadosamente	carefully
cuidadoso(a)	careful
deber	should, ought to
especial	special
especialmente	specially, especially
fácilmente	easily
felizmente	happily
frecuente	frequent
frecuentemente	often, frequently
lentamente	slowly
lento(a)	slow
normal	normal
normalmente	normally
rápidamente	rapidly
rápido(a)	fast, quick
reciente	recent
recientemente	lately, recently
tranquilamente	calmly

DESCRIBING A HOUSE

The House

el baño	bathroom
la cocina	kitchen
el comedor	dining room
la habitación	bedroom
el jardín	garden
la pared	wall
la puerta	door
la sala	living room
el suelo	floor
la ventana	window

Furniture

el armario	closet
la lámpara	lamp
la mesa	table
los muebles	furniture
la silla	chair
el sillón	armchair
el sofá	sofa, couch
el televisor	television set

WHAT PEOPLE ARE DOING

barrer el suelo	to sweep the floor
mover (ue) los muebles	to move the furniture
ordenar	to arrange
(las flores)	flowers
(los libros)	books
pasar la aspiradora	to vacuum
planchar (la ropa)	to iron (the clothes)
quitar el polvo	to dust
sacar la basura	to take out the trash

Food

las aceitunas	olives
los calamares	squid
el chorizo	sausage
el jamón	ham
las tapas	appetizers
la tortilla española	potato omelet

OTHER WORDS AND PHRASES

abierto(a)	open
cerrado(a)	closed
la llave	key
olvidar	to forget
si	if

Invitations

la fiesta	party
la invitación	invitation
sorprender	to surprise
la sorpresa	surprise

¡En español! 1 UNIDAD 5 ETAPA 3

PLANNING A PARTY

apagar la luz	to turn out the light
¡Cállate!	Be quiet!
¿A cuánto está(n)...?	How much is (are) ...?

PURCHASING FOOD

Food

el aceite	oil
la carne de res	beef
la cebolla	onion
el cereal	cereal
la crema	cream
la galleta	cookie, cracker
la harina	flour
el helado	ice cream
el huevo	egg
la leche	milk
la mantequilla	butter
la pasta	pasta
la patata	potato
el pescado	fish
la pimienta	pepper
el puerco	pork
la sal	salt
la salchicha	sausage
el tomate	tomato
la verdura	vegetable
el yogur	yogurt
la zanahoria	carrot
el zumo	juice

Packaging

la botella	bottle
la lata	can
el paquete	package

REQUESTING QUANTITIES

cuarto(a)	quarter
la docena	dozen
el gramo	gram
el kilo	kilogram
el litro	liter
medio(a)	half
el pedazo	piece
doscientos(as)	two hundred
trescientos(as)	three hundred
cuatrocientos(as)	four hundred
quinientos(as)	five hundred
seiscientos(as)	six hundred
setecientos(as)	seven hundred
ochocientos(as)	eight hundred
novecientos(as)	nine hundred
mil	one thousand
un millón	one million

DESCRIBING PAST ACTIVITIES

la estrella	star
sabroso(a)	tasty
anoche	last night
anteayer	the day before yesterday
el año pasado	last year
ayer	yesterday
el mes pasado	last month
la semana pasada	last week

OTHER WORDS AND PHRASES

In the Kitchen

cocinar	to cook
el congelador	freezer
la estufa	stove
el frigorífico	refrigerator
el horno	oven
el lavaplatos	dishwasher
el microondas	microwave

¡En español! 1   UNIDAD 5

Talking About Extremes: Superlatives

To say something has the most or the least of a quality, use a **superlative.**

el más...   el menos...
los más...   los menos...
la más...   la menos...
las más...   las menos...

Luis es **el más alto.** Carmen es **la más cansada.**

To use a **noun** with the superlative form, put it **after** the article.
Luis es **el chico más alto.**

The adjective matches the noun in both gender and number.
When you refer to an idea or concept which has no gender, use the neuter article **lo.**
Lo más **increíble** es que son las dos.

Use these **irregular** forms, learned with comparatives, for the best, worst, oldest, and youngest.
el mejor   el peor
el mayor   el menor

Mayor and **menor** are used only with people.

Talking About the Past: The Preterite of Regular -ar Verbs

Use the preterite tense to talk about actions completed in the past. For a regular **-ar** verb, add the appropriate endings to the verb's **stem.**
Limpiar means *to clean.*

limpié   limpiamos (same as present tense)
limpiaste   limpiasteis
limpió   limpiaron

Preterite of Verbs Ending in -car, -gar, and -zar

Regular verbs that end in **-car**, **-gar**, or **-zar** have a spelling change in the **yo** form of the preterite.

sacar	c → qu	yo saqué
pagar	g → gu	yo pagué
empezar	z → c	yo empecé

¡En español! 1   UNIDAD 5

Using Pronouns with the Present Progressive

Pronouns with the **present progressive** can be put before the conjugated form of **estar** or attached to the end of the present participle.
Estoy **sacándolas** para algo muy importante. (Add an accent if you attach a pronoun.)

or

Las estoy **sacando** para algo muy importante.

Some verbs have **irregular present participle forms.**

When the stem of an **-er** or **-ir** verb ends in a vowel, change the **i** to **y.**

leer   **leyendo**
oír   **oyendo**
traer   **trayendo**

e→i stem-changing verbs have a vowel change in the stem.

pedir   **pidiendo**
servir   **sirviendo**

These verbs also have a vowel change in the stem.

decir   **diciendo**
dormir   **durmiendo**
venir   **viniendo**

Using the Verb deber

Deber means *should, ought to.* To say what people should do, use a conjugated form of **deber** with the infinitive of another verb.

debo   debemos
debes   debéis
debe   deben

Remember you can put a **pronoun** in front of a conjugated verb or attach it to an infinitive.
¿Por qué **te** debo **ayudar?**

or

En vez de sacar fotos, debes **ayudarme.**

Using Adverbs That End in -mente

To describe how something is done, use **adverbs.** Many adverbs are made by changing an existing adjective.

If an adjective ends in **e, l,** or **z,** simply add **-mente** to the end.

If an adjective ends in **-o** or **-a,** add **-mente** to the feminine form.

reciente	reciente**mente**	cuidadoso(a)	cuidadosa**mente**
frecuente	frecuente**mente**	rápido(a)	rápida**mente**
fácil	fácil**mente**	lento(a)	lenta**mente**
normal	normal**mente**	tranquilo(a)	tranquila**mente**
especial	especial**mente**		
feliz	feliz**mente**		

Keep the **accent** when an adjective is changed to an adverb.

¡En español! 1   UNIDAD 5

Describing Actions That Involve Oneself: Reflexive Verbs

To describe people doing things for themselves, use reflexive verbs and their reflexive pronouns to indicate that the subject receives the action of the verb.

me lavo   nos lavamos
te lavas   os laváis
se lava   se lavan

Many verbs can be used with or without reflexive pronouns.
Pepa **se lava.** (reflexive)
Pepa **lava** el carro. (not reflexive)

Reflexive pronouns include possession.
¡Primero **me** pongo **la** ropa!

With the infinitive form of a reflexive verb after a conjugated verb, use the reflexive pronoun like this:
Quiero levantar**me** temprano. or **Me** quiero levantar temprano.

Some verbs have different meanings when used reflexively.

dormir	to sleep	**dormirse**	to fall asleep
ir	to go	**irse**	to leave, to go away
poner	to put	**ponerse**	to put on (clothes)

Irregular Affirmative tú Commands

Here are some irregular **tú** commands:

decir	**di**	salir	**sal**
hacer	**haz**	ser	**sé**
ir	**ve**	tener	**ten**
poner	**pon**	venir	**ven**

If you use a pronoun with an affirmative command, attach it to the end.
¡**Ponte** otra camisa!

Negative tú commands

To tell someone what not to do, use a negative command. Drop the **-o** from the **yo** form of the present tense and add appropriate endings.

hablar	habl[o]	¡**No hables!**
volver	vuelv[o]	¡**No vuelvas!**
venir	veng[o]	¡**No vengas!**

Irregular negative **tú** commands (Their **yo** forms don't end in **-o.**)

dar	doy	**No des**	ir	voy	**No vayas**
estar	estoy	**No estés**	ser	soy	**No seas**

Using Correct Pronoun Placement with Commands

Object pronouns precede negative commands.
¡**No lo uses!**

DESCRIBING CITY BUILDINGS

ancho(a)	wide
antiguo(a)	old, ancient
el edificio	building
enorme	huge, enormous
estrecho(a)	narrow
formal	formal
informal	informal
lujoso(a)	luxurious
moderno(a)	modern
ordinario(a)	ordinary
sencillo(a)	simple, plain
tradicional	traditional

TALKING ABOUT PROFESSIONS

el (la) arquitecto(a)	architect
la arquitectura	architecture
el bombero	firefighter
la cámara	camera
el (la) cartero(a)	mail carrier
la compañía	company
el (la) contador(a)	accountant
el (la) editor(a)	editor
la entrevista	interview
el (la) escritor(a)	writer
el (la) fotógrafo(a)	photographer
la grabadora	tape recorder
el (la) gerente	manager
el hombre de negocios	businessman
el (la) jefe(a)	boss
la mujer de negocios	businesswoman
el (la) operador(a)	operator
el (la) periodista	journalist
la profesión	profession
el (la) recepcionista	receptionist
el (la) secretario(a)	secretary
el (la) taxista	taxi driver

MAKING SUGGESTIONS TO A GROUP

Vamos a...	Let's . . .

OTHER WORDS AND PHRASES

la contaminación del aire	air pollution
decidir	to decide
estar de acuerdo	to agree
el (la) ganador(a)	winner
ofrecer	to offer
el tráfico	traffic

POINTING OUT SPECIFIC PEOPLE AND THINGS

aquel(la)	that (over there)
aquél(la)	that one (over there)
aquello	that (over there)
ese(a)	that
ése(a)	that one
eso	that
este(a)	this
éste(a)	this one
esto	this

Ordinal Numbers

primero(a)	first
segundo(a)	second
tercero(a)	third
cuarto(a)	fourth
quinto(a)	fifth
sexto(a)	sixth
séptimo(a)	seventh
octavo(a)	eighth
noveno(a)	ninth
décimo(a)	tenth

People

el (la) artesano(a)	artisan
el (la) ganadero(a)	rancher, farmer
el (la) pastor(a)	shepherd(ess)

At the Farm

el caballo	horse
la cerca	fence
el cerdo	pig
el corral	corral, pen
la gallina	hen
el gallo	rooster
la granja	farm
la llama	llama
el toro	bull
la vaca	cow

TELLING WHERE THINGS ARE LOCATED

abajo	down
arriba	up
debajo (de)	underneath, under
dentro (de)	inside (of)
encima (de)	on top (of)
fuera (de)	outside (of)

OTHER WORDS AND PHRASES

el campo	countryside, country
darle(s) de comer	to feed
la lana	wool
el taller	workshop
las tijeras	scissors
último(a)	last

YA SABES

TALKING ABOUT THE PRESENT AND FUTURE

Simple Present

¡Es un mercado fenomenal!	It's a phenomenal market!
La artesanía de Otavalo es excelente.	The handicrafts from Otavalo are excellent.
Estoy muy feliz.	I am very happy.

Present Progressive

Miguel y Patricia están caminando y hablando.	Miguel and Patricia are walking and talking.

Ir a + infinitive

Voy a comprarle un regalo a mi hermana.	I am going to buy a present for my sister.
¡Creo que va a salir muy bien y lo quiero ver!	I think that it is going to come out very well and I want to see it!

DISCUSSING THE PAST

Regular Preterite

¿Porque te habló de la vida en una granja?	Because he talked to you about life on a farm?
¿Y aprendiste algo de tus entrevistas?	And did you learn something from your interviews?
Pero aprendí algo mucho más importante también.	But I learned something much more important too.
¡Abriste la cerca!	You opened the fence!
Trabajé mucho.	I worked a lot.

Irregular Preterite

¿Cuál fue la mejor entrevista?	Which was the best interview?
No, ¡porque me dijo que hiciste tú la primera vez que estuviste en la granja!	No, because he told me what you did the first time that you were at the farm!
Hice todo lo posible.	I did everything possible.

GIVING INSTRUCTIONS TO SOMEONE

Dime.	Tell me.
¡Mira, Miguel!	Look, Miguel!
Cómprale una bolsa o un artículo de cuero.	Buy her a handbag or leather goods.
¡Ven!	Come on!
Hazme un favor.	Do me a favor.

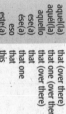

Talking About the Past: The Preterite of -er and -ir Verbs

In the preterite, -er and -ir verb endings are exactly the same. Notice that the verb **ver** does not have accents in any of its forms.

Ofrecer

ofrecí	ofrecimos
ofreciste	ofrecisteis
ofreció	ofrecieron

Decidir

decidí	decidimos
decidiste	decidisteis
decidió	decidieron

Ver

vi	vimos
viste	visteis
vio	vieron

Talking About the Past: Verbs with a y Spelling Change

To write the third person preterite forms of -er and -ir verbs with stems that end in a vowel, change the **i** to **y.**

Oír

oí	oímos
oíste	oísteis
oyó	oyeron

Leer

leí	leímos
leíste	leísteis
leyó	leyeron

Creer

creí	creímos
creíste	creísteis
creyó	creyeron

Using Irregular Verbs in the Preterite: hacer, ir, ser

Hacer

hice	hicimos
hiciste	hicisteis
hizo	hicieron

Ir/Ser

fui	fuimos
fuiste	fuisteis
fue	fueron

Saying Where Things Are Located

Talk about location with these words:

abajo	debajo (de)	encima (de)
arriba	dentro (de)	fuera (de)

Arriba and **abajo** are never followed by **de.**
Use **de** only when a specific location follows the expression.

Pointing Out Specific Things Using Demonstratives

To point out specific things, use **demonstrative** adjectives and pronouns. A demonstrative adjective describes the location of a **noun** in relation to a person.

Masculine		Feminine	
este cerdo	**estos** cerdos	**esta** mesa	**estas** mesas
ese cerdo	**esos** cerdos	**esa** mesa	**esas** mesas
aquel cerdo	**aquellos** cerdos	**aquella** mesa	**aquellas** mesas

Demonstrative pronouns are the same as the demonstrative adjectives except for an accent.

Masculine		Feminine	
éste	éstos	ésta	éstas
ése	ésos	ésa	ésas
aquél	aquéllos	aquélla	aquéllas

Demonstrative pronouns that refer to ideas or unidentifed things do not have a gender.

esto   eso   aquello

Ordinal Numbers

Use **ordinal numbers** to talk about the order of items. **Primero** and **tercero** drop the **o** before a **masculine singular** noun.
To say *last,* use **último(a).**

primero(a)	cuarto(a)	séptimo(a)	décimo(a)
segundo(a)	quinto(a)	octavo(a)	
tercero(a)	sexto(a)	noveno(a)	

Irregular Preterite Verbs

Notice that the preterite of **dar** is similar to **ver.**

Dar

di	dimos
diste	disteis
dio	dieron

Decir

dije	dijimos
dijiste	dijisteis
dijo	dijeron

Venir

vine	vinimos
viniste	vinisteis
vino	vinieron

Tener and **estar** are similar.
Tener: tuve, tuviste, tuvo, tuvimos, tuvisteis, tuvieron
Estar: estuve, estuviste, estuvo, estuvimos, estuvisteis, estuvieron
Do not use **estar** in the preterite to express feelings.

Review: Present Progressive and ir a + infinitive

The present progressive is used to talk about actions that are happening, never for referring to the future.

estoy hablando	estamos hablando
estás comiendo	estáis comiendo
está escribiendo	están escribiendo

Remember to change **-iendo** to **-yendo** when the stem of an **-er** or **-ir** verb ends in a vowel.

creer → creyendo   leer → leyendo   oír → oyendo

To talk about what you are going to do, use **ir a** + *infinitive.*

voy a hablar	vamos a hablar
vas a comer	vais a comer
va a escribir	van a escribir

Review: Affirmative tú commands

Attach direct object, indirect object, and reflexive pronouns to affirmative commands and add an accent if needed. **Háblame.**
You learned eight irregular affirmative **tú** commands.

di	sal	haz	sé
ve	ten	pon	ven

Review: Regular Preterite

To talk about completed actions in the past, use the **preterite tense.**

-ar verbs		-er verbs		-ir verbs	
hablé	hablamos	comí	comimos	escribí	escribimos
hablaste	hablasteis	comiste	comisteis	escribiste	escribisteis
habló	hablaron	comió	comieron	escribió	escribieron

estar *to be*

estuve	estuvimos
estuviste	estuvisteis
estuvo	estuvieron

tener *to have*

tuve	tuvimos
tuviste	tuvisteis
tuvo	tuvieron

Review: Irregular Preterite

dar *to give*

di	dimos
diste	disteis
dio	dieron

decir *to say, to tell*

dije	dijimos
dijiste	dijisteis
dijo	dijeron

hacer *to make, to do*

hice	hicimos
hiciste	hicisteis
hizo	hicieron

ir *to go*/**ser** *to be*

fui	fuimos
fuiste	fuisteis
fue	fueron

venir *to come*

vine	vinimos
viniste	vinisteis
vino	vinieron